Me ikkavi tutta

Raukeiden luomiesi takkaa
tuikkivat tähdet
Niitä kurkoitan
luullen hetkeksi ne tavoittaneeni
Huultesi juovat kihelmöivät
kaulallani
Silloin kun kaikki järkyy
löydän taivaan sylistäsi
Huomena tiedän taas tavoittelevani
noita tähtiä joiden en soisi koskaan
sammuvan...
    P-P. K.

Kustaa Pallo-Posti

Me ikkavi tutta

Kustantaja: BoD – Books on Demand, Helsinki, Suomi

Valmistaja: BoD – Books on Demand, Norderstedt, Saksa

ISBN: 978-952-80-4811-4

Tyttöni mun
Mieleni valtiatar
Kesäkatu
Murtumattomat
Älä sano ymmärtäväsi
Villiruusu
Hyvyyden koti
Hiljaisuus
Vaahterapuu
Juomarin kyyneleet
Sydämen laulu
Äiti
Elämän helminauhaa
Nuoruuteni uni
Sade
Sinulle
Elämän taikaa
Näkinkenkäsimpukka
Rakastetulle
Rakkautemme sinfonia
Tuskan liljat
Näkemiin
Unilaulu
Yön kyyneleet
Mielenrauhaa
Kevään muisto
Rakkauden tutut
Rakkaudesta
Virran viemää
Rakkauden pölyä
Jano
Öljylamppu
Enkeli ja ukko
Sydän sydämellä, Metsämansikkani

Rakkauden peili
Soi hiljaa
Lasi viiniä
Sieluni perhonen
Kevään lilja
Aika nuoruuden
Hellimmin satutettu
Siipirikko
Rakkauden aamu
Lentoni
Lasillinen muistoille
Rakkaustarina
Kuva kaarnalla
Syksyn lehdet
Usva
Elämän tuli
Hiljaa
Veren kahleet
Sinisen lammen lapset
Kahleet
Voima rakkauden
Mikä olet sinä ihminen
Sydänystävä
Sateen tango
Loppukesästä
Liekki
Kesäyö
Pisara
Yön hehku
Sanoinhan sen
Kulkijan sielu
Pyörre
Unikkoni
Sydämesi hehku

Talven jälkeen
Kylmänkukka
Pelon vanki
Takatalvi
Taisteluni
Katuperho
Radalla
Nukkuja kaunein
Tangotyttöni
Nuoruuteni polut
Polttava tie
Yön ruusu
Kielonkukka
Rakastettuni
Huokaus
Yksinäiset
Jäähyväiset
Onnelliset
Vaieten
Kulkijan ruusu
Vuosien virta
Sinä se olet
Sovinto
Tule
Synkkyyden varjot
Lattarilanteet
Yöllä
Rakkauslaulu
Turhuutta
Itsekkyys
Kipuni
Unten maa
Liinakkoni
Hyvää yötä

Viimeinen valssi
Levottomat
Tulessa poltettu
Minun tavallani
Lokakuun yö
Pahuuden sonetti
Kokonaan
Niin vähän oppinut
Vapaa
Valoon
Elämän virta
Kaunis, kauniimpi
Kauneimpani
Loppukesän illassa
Rakkauden valo
Henkäykseni
Luoja yksin tietää
Metsälähteen vettä
Veren poltetta
Rakkautta vain
Sinulle
Villikkoni

TYTTÖNI MUN

Niin malttamaton,
aivan kuin vuotinen varsa
minä odotan kesää, noita lempeitä öitä,
tuoksuvia aamuja, vihreän nurmen pehmeyttä
paljaiden jalkojeni alla
Kevät kuin kiusaa tehden
puistelee vielä lunta harteiltaan
Eilen näin västäräkin joka vakuutteli
kaiken tuon olevan jo aivan lähellä
Valo voittaa pimeyden ja minä elän taas
Epidemia lannistaa ihmismielen,
mutta ei sitä mikä on ollut aina
Ihmisen ollessa hieman hiljempaa
ikuisuus antaa kaiken palautua ennalleen
Ehkä hieman puhtaampaa on ilma jota
keuhkoihin vedän, ehkä lintujen laulu on
asteen voimakkaampaa, ehkä kalat
uivat hieman kirkkaammassa vedessä
Tänään ei aurinko helli lapsiaan, mutta
ehkä huomenna jo alkaa kesä
Tule tyttöni, tule ja ota nämä vuokot jotka
sinulle poimin
Ei vuodet, ei ihmisten huolet voi viedä
tätä onneamme, ei lapsen uskoamme, ei
tätä villiä vapauden tunnetta joka sieluissamme
säilyy keväästä kevääseen
Tule tyttöni tule, tartu kädestä, kulje kerallain
kevein askelein kaikki tämä on meille annettu
eikä aurinko hylkää lapsiaan

MIELENI VALTIATAR

Päivällä kun sinulta pyydän
tai toisinaan muiden nähden
jopa käsken, et sinä minulta
mitään kiellä, et vastaan väitä
Niinhän ne uskovat kaikki nämä
minun sakkini, että herra se olen
minä talossani, isäntä paikallani
Vaan kun saapuu ilta, minä tunnustan
heikkouteni edessäsi
Palvon sinua ja sinun hellää sydäntäsi
Tahdon täyttää jokaisen toiveesi
ja onnellinen olen vasta silloin
kun näen silmissäsi täyttymyksen
tuoman raukeuden
Rakkaudellasi sinä minua hallitset,
sinä mieleni hellä valtiatar

KESÄKATU

Kesäkadun ilta, ympärillä
vain hyväntuulisia ihmisiä,
hymyjä ja naurua
Tuoksujen tulvaan sekoittuu
bensan katku

Jäätelökioskin luukulla roikkuu
tyttöjä, vielä lapsia

Huomaan jääväni tuijottamaan
ohikulkevan brunetin sääriparia
Viittä vaille etten vislaa, ihan vain
leikillään, sillä sinua odotan tyttöni
Tiedän sinun pian tulevan
En minä enää kaipaa tätä,
vaikka se aistejani kiihottaakin,
vaan älä anna minun odottaa liian
kauan, etten kiusauksiin lankeaisi

Tuntuu kuin katu tyhjenisi muista,
kun astelet luokseni torin poikki
Miten keinuukaan lanteesi kevyesti,
kesätuulen hulmutessa hiuksissasi
Suudelmassasi maistuu hehkuvan yön
lupaus, enkä minä kadu, että sinua
odotin

MURTUMATTOMAT

Kevät ja aika ensimmäisen rakkauden
Kaukana ovat nuo päivät,
mutta kielojen tuoksu tuntuu vieläkin niin todelliselta

Epävarmuutta ja suunnatonta kiihkoa,
kaikki niin rajusti koskettavaa

Piikkejä ruusussa, jonka sinulle ojensin,
sinun tarjoillessa minulle valkokukkasten viattomuutta

Kämmenesi pehmeä iho värjäytyi vereen,
kun kipu sai sinut puristamaan antamani lahjan vartta,
itsekkyyteni murskatessa kukkasen

Punaisten terälehtien putoillessa murtuneiden
valkokukkien päälle sammui kesän aurinko
ja alkoi pitkä yö jossa harhailimme,
jopa itsestämme eksyen

Vaikka emme uskoneet uuteen kevääseen, sen saimme
Tiedän, että pian jälleen aurinko saa nousemaan
nuo hennot kielot, jotka lempeästi tuoksuen
ylpeästi kantavat punaisen valkoisia kukkia,
jotka kertovat murtumattomuudesta

ÄLÄ SANO YMMÄRTÄVÄSI

Ennen istuin seurassa, aina äänessä,
huomion hyväillessä humalan nostattamaa itsetuntoani

Musiikki jota ei kukaan kuunnellut,nauru joka ei johtunut ilosta,
vaan se peitti alleen kyyneleet, ettei kukaan lävitseni näkisi

Kaikki ne hukatut kesä yöt ja nuoruus

Koko elämäni etsin armahdusta kirveleville muistoilleni

Monesti luulin muuttuneeni, mutta edelleen palaan pöytään juodakseni
tuon viskin, vaikken enää muista mitä tahdoin unohtaa

Korkin minä polkaisen vieläkin saappaan alle, vaikka pois on seura
ja riehakkuus

Kyyneleet eivät minua petä, mutta minä nauran, nauran tälle elämän
mielettömyydelle, nauran kuin uhmalla

Kerran jäävät saappaani nurkkaan, mutta yhtä minä pyydän rakkaat
- Jos en teitä liikaa loukannut, kaatakaa viimeinen
  viskipullo kummulleni

VILLIRUUSU

Me puhumme eri kieltä
Et millään tahdo sanojani
ymmärtää
Rikki revittynä haen lohtua
kyynelten virrasta
Odotan yhtä sanaa, syvää, koskettavaa
Tie vie suruni, aivan kuten se ryöstää iloni
Olin se tinalo, joka tuuleen kirjoitti,
pumpulipilviin rakensi
Seisot siinä vaikkemme toisiamme tunne
Jos pääsisit tämän synkän rotkon yli,
ehkä sydämeni tuskan näkisit
Ikäväni saa minut sinua koskettamaan
vaikka et pala liekin lailla, et kohise, kuin
tummana kuohuva meri
Sinä pelkäät kaikkea mikä suistaisi
sinut raiteiltasi, silti tahdot polttaa näppisi
Älä aamun tullen itke, puutarharuusuni,
sillä yhtä tyhjänä lähden, kuin viereesi
saavuin
Emme ole toisillemme luodut
Tarvitset säännöllisen hoidon ja puhdistetun mullan säilyttääksesi
kauneutesi
Minä etsin villiruusuni, jonka piikit jo
kerran minua haavoittivat, kulkurin
sydänverellä omaksi ostetun

HYVYYDEN KOTI

Olen nukkunut tuulen sylissä,
poutapilvillä, iltaruskossa

Olen painanut pääni pehmeään
samettiin, pitsiseen satiiniin

Olen herännyt naisen sylistä,
lemmen pauloista, myös
katuojasta, kurarapakosta

Olen nähnyt pahan sydämen
ja sen teot

Olen itkenyt hylättyjen kyyneleet
ja yksinäisen ikävän

Katumus on vääntänyt luuni väärään
ja polttanut sisukseni

Olen kohdannut petoksen ja
maailman valheet

Kaiken sen olen kertonut, ken ties
joku on kuullut

Olen tyhjä, tahdon vapauttaa vääntyneet
luuni maan tomuksi, uupua tähtien heijaan,
palata alkuni huomaan,
Irrottaa pahan itsestäni, saapua hyvyyden kotiin

HILJAISUUS

Hiljaisuuden puhuessa vaikenee maailman häly

Mielen valtaa lempeys ja viha haihtuu

Niin kauan pakenin, kuvitellen tietäväni mitä
pitää tehdä ollakseen jotain

Kaikki turha karisee ja niin helppo on vain rakastaa

Tulen liekeissä on ikuisuuden kajo, vapauden laulu
Sen kuulin jo pieni ollessani, vaan sen unohdin

Kuljin niin pitkän matkan ymmärtääkseni,
että ainoastaan täytyy päästää irti, irti ihmisten normeista,
irti oikeassa olemisen tarpeesta, irti korulauseista, koreasta kuoresta

Kun sen on tehnyt eivät liekit enää polta,
vaan valon kotiin sielu vaeltaa

VAAHTERAPUU

Kevätsateen jälkeen hennot
vaahterapuun lehdet olivat täynnä pisaroita

Keräsin kastehelmiä hehkuvalta iholtasi
lempeän tuulen hellästi heilutellessa hiuksiasi

Syksyn saapuessa oli rakkautemme eletty todeksi

Kyynelhelmien putoillessa yön tummista silmistäsi
tunsin viiltävää surua rinnassani

Sanoja emme lausuneet
Lupauksemme oli keräämissäni helmissä

Tunsin tekeväni väärin, sillä ikävääsi minä uskoin

Lasihelmiksi särkyviksi muuttuivat muistomme

En enää talven mentyä löytänyt sinua alta tuon
vanhan vaahterapuun

Jälkeesi en enää uskonut naisen kyyneliin,
en enää pettävään rakkauteen

JUOMARIN KYYNELEET

Mies istuu yksin kesäyössä

Jostain alitajunnan syövereistä
silmiin nousee mielikuvia

Kuinka monia tähtisilmiä ja
viiltävää kipua huuman hetkien haihtuessa

Yksin jätti hän ketä en olisi antanut
Valat valhe huulilla vannotut särkivät
ensielämäni

Sieluun jäi suru, joka niin monesti
kyyneliksi vieri poskille lasin tyhjetessä

Liikaa kai pyysin sinulta, kun tuskaani
tahdoin sinun ymmärtävän

Luulin jo hetken tulleeni paremmaksi
rakkautesi arvoiseksi, vaikka kuinka sinua
haluan ja rintaani vasten puristan, en minä
pysty luopumaan tästä katkerasta maljasta,
en näistä yksinäisen kyynelistä

SYDÄMEN LAULU

Jokaisen sydämessä on laulu,
vaikka niin moni ei tahdo kuulla

Jokaisella on se oma hetkensä,
jolloin suu vaikenee ja sydän puhuu,
hyräilee hiljaa tai virittää itkun sekaisia mollisointuja

Kenellä on uskallusta, hänen sydämensä sävelet kohoavat
lentoon unelmien purppurapilviä kohti

Sävel säveleltä ääni kirkastuu ja satakieli herää sydänunestaan
lahjoittaakseen niin laulajalle, kuin
kuulijoille hetken aitoa taikaa

ÄITI

Vilua ja nälkää te näitte lapsuudessanne
silti kerroitte kuinka aurinko teitä
maantietä kulkiessanne lämmitti

Kaikki se mitä kohtasitte, ei ollut hyvyyttä
ja usein tunsitte itsenne arvottomaksi

Silti ei mikään sammuttanut sydämenne
rakkautta, ei elämän riemuanne

Silloin kun teidän aikanne oli olla onnellinen,
kun kohtasitte hänet kenen kanssa elämänne
jakaa, siirsi sota suunnitelmianne

Siirtyivät surun harsopilvet aurinkonne ympärille
Vaikka hän palasi, ei mikään ollut enää ennallaan

En kuullut koskaan teidän valittavan
Teitte sydämenne lämpöön meille kodin,
ettemme maailman tuuliin eksyisi

Se mitä meille annoitte on suurta
Opetitte rakastamaan elämää, kiittämään suruistakin
ja jakamaan leipämme.

Tänään palaan tuon metsälammen mutkaan
ojentaakseni teille nuo valkovuokot

Niin paljon olen nähnyt, mutta en mitään kauniimpaa kuin hymynne,
kun kiittäen otatte tuon tienvarren lahjan vastaan
Ei teillä enää ole kipuja ei suruja,
mutta kiitoksemme ansaitsette jokaisena päivänä.

ELÄMÄN HELMINAUHAA

Nuorena ei ehdi miettiä, on niin kiire elää
löytää ja kokea ne kaikki tunteet

Kuinka se kaikki koettu koetteleekaan
kehoa, kaikki ne sydämen tykytykset,
rintaa riipivä tuska ja pettymykset

Kaiken koettuani tekisinkö toisin,
luopuisinko edes kyynelpisaroistani

Vielä niidenkin jälkeen elämänriemu on tallella

En minä ole viisaaksi tullut, mutta ehkä nöyremmäksi,

En saanut kerättyä mammonaa, mutta sainhan
sydämen täydeltä muistoja joita kerrata,
kun ei enää sormeni taivu kitaran kielillä,
kun en enää tanssahtele, kun keväinen varsa kesän laitumella.

Sain rakkauden kaikki värit ja surun hiomat kyynelhelmet
Sain koko elämän

NUORUUTENI UNI

Miten minä sinua palvoinkaan
nuoruuteen heräävän mieleni koko voimalla

Katseestasi en nähnyt sielusi petollisuutta

Kauneutesi lumosi metsäniityn kukatkin,
kun niitä poimien kuljit vierelläni

Luulin sinun tulleen taivaasta minua varten,
kun sydämemme hetken sykkivät rinnakkain

Langetessani rakkautesi pauloihin
uskoin kuolevani, ellen saisi sinua tuntea sylissäni

Huuliesi helmeilevä purppura
piirsi kaaria kohoilevalle rinnalleni
ja minä halusin sinua enemmän, kuin mitään muuta ennen

Kättesi pehmeät hyväilyt häipyivät
petoksesi mustiin syövereihin

Miten julma voikaan nainen olla saadakseen haluamansa
Enää minä en ole katkera, sillä opetithan minut rakastamaan,
vaikka sanoista teitkin tyhjiä, etten enää jälkeesi ketään uskoisi

Kauneutesi oli arvotonta sydämesi valheen vuoksi
Kyynelistäni minä kokosin kirkkaan helminauhan,
jonka lahjoitin hänelle kenen suu kuiski korvaani
sydämen sanoilla

SADE

Silloin, kun aurinko piiloutuu
pilvien taa ja taivaan kansi
aukeaa sateen ropistessa
maahan, hetkessä suurien
lätäkköjen vallatessa pihan
minä en tahdo muuta, kuin
istua takanlämmössä vierelläsi

Muistan kuinka kerroit tarinaa
enkelten kyyneleistä
Toisinaan tuntuu, että ihmisten
pahuus on niin suurta, että
Luoja ei kuule enää meitä,
vaan hukumme kaikki tuohon
kyynelvirtaan

Sinä hymyilet ja silmät kirkkaina
valat minuun uskoa
Annat minun painautua syliisi
ja tunnen rakkautesi voiman
Miten pieni onkaan sellainen
usko, joka sammuu kevätsateen
ropinaan

Jos sinä olet rinnallani, enkö kestäisi
päiviä jatkuneen myrskynkin

SINULLE

Niin usein lähdin, kun pyysit
minua jäämään
Oman haluni mukaan elin elämääni,
luottaen sinun pitävän huolta kaikesta
Vaadin itselleni kunnioitusta,
jota en kenellekään itse osoittanut
Kaikkiin ilkeisiin syytöksiin
vastasit hyvillä sanoilla
Joskus näin kyynelhelmen noissa
taivasta sinisemmissä silmissäsi,
mutta et sinä murtunut
Eräänä päivänä lakkasit pyytämästä
ja minä pelkäsin menettäneeni sinut
Kotiin palatessani reissultani ensimmäistä
kertaa en uskaltanut toivoa sinun
minua odottavan
Vaan siinä sinä olit aivan, kuin
aina ennenkin
Vedit pois nuo niin kiiltävät saappaat
jaloistani
Et sinä mitään kysynyt ja viimein minä
ymmärsin
Jos joku noin hyvä, kuin sinä, minua rakastaa
voin minäkin itseni armahtaa
Itsekkyys, itsesääli, omahyväisyys, turhamaisuus,
kaiken sen minusta riisuit noiden
saappaiden mukana
Niin helppo oli minun taas hengittää,
etkä sinä kiitosta odottanut vaan suudelmaa
noille kirsikkahuulillesi

ELÄMÄN TAIKAA

Kevään koittaessa mieleni muistaa jälleen tuon yön

Ruusujen pehmeä tuoksu ympäröi meitä

Kuutamon luomat varjot kietoutuivat yhteen rakkauden
pakottamina

Aamua emme tahtoneet sillä se meidät erotti

Lumottu hetkemme, kuin kauneimmasta sadusta
antaessamme itsellemme luvan tietäen, ettei toista kertaa tule

Kyynelhelmesi kimallus, kätesi pehmeä kosketus
ojentaessasi
hiuksiltasi tuon tummanpunaisen kukan,
jonka painoin sydäntäni vasten, etten unohtaisi, ettemme
tekoamme katumuksella rumaksi muuttaisi,

Kohdatessamme tuona taikayönä
taivaan tähdet tahtoivat antaa
rakkauden hetkeksi, meille jotka
olimme pettymyksiemme vangeiksi
jääneet

NÄKINKENKÄSIMPUKKA

Simpukka sinä sanoit, kun löysit näkinkengän
kävellessämme kotijärven rannalla,

Hymyssä suin jatkoit -Katso noita merenkuohuja
Minä en sanonut mitään, katselin vain sinun sädehtiviä silmiäsi

Vakovoituen kysyit -Uskotko että tuolla meren takana on satumaa?
Pakkohan minun on uskoa, koska sinä olet sieltä kotoisin

Olet kuin virkistävä viileä vesi tuskanhiestä nihkeällä ihollani
Olet elämänriemu ja ilo, joka saa minutkin näkemään kaiken kauneuden

Saat nyrkkiin puristetut kädet aukeamaan,
katkeruuden kalkin muuttumaan mahlaksi

Et ole tästä maasta vaan paljon paremmasta

En tiennyt mitään rakkaudesta ennen,
kun join maljastasi juopuen iäksi
Sait minut uskomaan uudelleen, sillä rakkautta on koko luomistyö

RAKASTETULLE

Kevään ensimmäinen lämmin tuulenvire olit sinä,
hiuksiani pörröttäessäsi

Olit hiostava kesäyö, joka annoit rauhoittavat
aamukasteen pisarat iholleni

Olit polttava erämaa, joka tahtoi
minut janoon näännyttää, että minä
kerjäisin sitä mikä kuitenkin minun on

Olit syksyn jäähyväiset muuttolintujen
lentäessä ylitseni

Olit talven hiljaisuus,valkean lumivaipan
peittäessä maan

Olit itkuni, olit nauruni, olit kaunein lauluni,
mutta yhtä et minulle suonut, armahtavaa
unohdusta, vaikka et enää tullut

Rakkautemme on alku ja loppu ja minä
päästän sinusta irti pitääkseni sinut aina luonani

RAKKAUTEMME SINFONIA

Kaikki alkaa niin pehmeästi

Alkutahdit, kuin laineiden liplatusta

Rakkauden sointuja yön pehmeässä sylissä

Viettelevä tuoksusi kiihdyttää aistejani

Lempeästi tanssimme, kättemme hellien etsiessä yhteistä rytmiä

Huulesi ihollani, niin kuin tuhannesti ennen,
enkä minä tiedä mitään kauniimpaa

Musiikin tempo kiihtyy, myrsky nousee

Lyömäsoittimet kun rannan kiviin hakkaavat aallot

Viulujen kielet ovat tulessa ja hikikarpalot
tipahtelevat ihollesi

Finaali lähestyy ja sitten hiljaisuus

Ilmassa leijuu hellyys ja ne sadat sanat,
joita meidän ei tarvitse ääneen lausua

TUSKAN LILJAT

Kultaa hiuksissasi, kultaa uumillasi
Sinä säkenöivä kevään surma

Kuinka valkoisina hehkuivatkaan hennot liljat,
jotka sinä tallasit jalkoihisi

Noita kukkia minä itkin, vaikka sinusta sokaistuin
Sinun muistosi poljin jalkoihini kylmän tähtitaivaan alla
Sydän toiveeni kuiskasin yön haltijalle,
että viattomuuden liljat vielä elpyisivät

Aamun tullen ymmärsin tuulen vieneen mukanaan
kaiken sen, jonka valhe huulillani omistin

Eikö minun suurini sinun rintasi lävistäisi, että
ivapuheilta tien salpaisin
Vieläkö hehkuisi uumiesi kulta, kun hengettömänä
makaisit

Herättäisikö sinut jättävä elämä vielä
nuo runnellut sieluni hennot liljat

NÄKEMIIN

Hyvää yötä rakkaani, kuiskaan
tietäen että kuulet

Kuinka voisitkaan unohtaa

Silmieni pohjaan piirtyi kuva
tuon yön hetkistä

Kun aamun tullen sanoin näkemiin
jättäen sinut kyyneliin
tiesin kaipaavani sinua iäti

En lausunut hyvästi, sillä pala
sydämestäni jäi sinulle

Siis näkemiin rakkaani
ja nuku hyvin

UNILAULU

Palaan lapsuuteni pihapuun juurelle

Vielä sen oksat tarjoavat suojan

Latva lähempänä taivaan kantta
se on oppinut tanssimaan läpi
myrskyjen kaatumatta

Kerran hautasin sen juurelle
pienen pojan sydäntoiveet
ja naapurin tytöltä saamani kirjeen

Istun sen juurelle, niin kuin usein ennen
Tunnen tutun rosoisen pinnan selkääni vasten
Ohikiitävän hetken uskon ihmisen hyvyyteen

Palaavien joutsenten äänet kiirivät taivaalta,
kuin vanhaa tuttuaan tervehtien

Suljen silmäni kuulakseni kuuseni rauhoittavan laulun,
joka niin usein ennenkin minut uneen tuuditti
Niin puhtaana se säilytti viattomat haaveeni,
että kerran löytäisin tieni kotiin

YÖN KYYNELEET

Ihminen on aina ihminen, suruineen ja iloineen,
Matkallansa se jotain oppii, vaikka huonosti uskoo

Niin monta pulloa ollen korkannut,että on jo pohja valmiiksi näkynyt,
vaan aina se mallas niin kivasti alkuunsa kurkkua kutittelee
Enhän minä enää, kuin lasista ja hyvässä seurassa,

Eihän se sielu kestä särkymättä, jos sitä aina sorsitaan

Niin sitä ikänsä etsii ymmärrystä,
kaipaa ihmistä joka samaa kieltä puhuisi,
sanoittakin toista ymmärtäisi

Omiansa sitä mies itkee, tai niitä joita omiksensa luuli
Sitä jätti aina sanomatta, kun ajatteli,
että eihän ne itsellensä mitään voi

Yksin se on ihmisen elämänsä elettävä
vaikka suuri olisikin sakkikunta

Mitä te kukaan tiedätte siitä kaalonpojan tuskasta,
kun se sydäntä rinnasta raastaa

Tämän yön minä annan sieluni riutua,
sydämeni muistaa kaikki vääryydet...

MIELENRAUHAA

Häpesin niin kauan

Niin paljon jäi tekemättä
peljätessäni mitä ihmiset
sanoisivat

Niin paljon tuli väärin tehtyä
säilyttääkseni kasvoni, tai
ennemminkin naamioni

Kuinka helposti sitä eksyykään
polulta, jos ei tähtiään seuraa

Aistin metsän tuoksun ja kevään
nojatessani männyn runkoa vasten

Sinä metsäkeijuni tarjoat kahvia termarista
ja tunnen itseni niin vapaaksi

Miksi tahtoisin tehdä enää mitään
mikä kaikkeuden järjestystä järkyttäisi

Kuinka sokea ja kuuro olen ollut
itsekeskeisyydessäni

Suurinta rakkautta olen saanut
ansaitsematta osakseni ja jälleen
näen taivaalla tuikkivat tähdet

KEVÄÄN MUISTO

Kesän kynnyksellä, kevään
ensimmäisinä lämpiminä öinä,
minä sinua kutsun
Kuun valossa kimmeltävä meren pinta
väreilee muistojemme kyyneleistä
En minä sinusta luopunut, vaan
sinun unelmasi eivät kantaneet
Et ehkä rakastanut tarpeeksi,
et uskaltanut pidemmälle,
tahdoit tuntea pohjan hiekan jalkojesi alla
Jos olisin tullut sinua vastaan, olisi kaikki
päättynyt hetkeen
Rakkautesi suuruus olisi sinua kantanut,
jos olisit tahtonut, niin kuin minä sinua tahdoin
En ole vieläkään luopunut meistä
Hiljainen sydäntoiveeni herää joka kevät,
ehkä vielä näen sinun kelluvan rakkauden
meren huumaavilla aalloilla, luottaen
suunnan ja kumppanin oikeaksi
Kaikki sinun on jätettävä rantaan,
se on mennyttä, heittäydyttävä sinun
on veden vietäväksi
Tule tyttöni, tule
Sytytän nuotion, jonka lämpö riittää
loppuelämäksemme
Vain sudenkorentojen varjot veteen
heijastuvat, enkä jaksa enää hiillokseen
puhaltaa
Ylpeä tyttö, tuhma tyttö, ei kaikista ole
tunteiden ymmärtäjiksi, ei rakkauden
tulen vaalijoiksi

RAKKAUDEN TUTUT

Tänään en tahdo puhua,
tahdon vain hiljaa kuunnella
kauniin sydämesi lyöntejä

Jokainen henkäys kuiskii rakkaudesta
Elämän tuli sisälläsi kipunoi hyvyyttäsi,
lämpöäsi

Kaiken sen elit todeksi, josta olin ennen
vain sanoja kuulut,
saaden minutkin vaikenemaan

Kun minua kosketit, siirtyi rehellisyytesi
minuun tuhoten valheen sisältäni
Ei syytä yhteenkään harhakuvaan,
ei pelkoa petoksesta

Rakkaus ei tee meistä virheettömiä,
mutta se tekee meistä ikuisia
Se opettaa meitä antamaan anteeksi itsellemme,
tullaksemme toistemme arvoisiksi

Hiljalleen se riisuu meistä kaiken sen,
minkä luulimme olevan tärkeää

Tuntien suurta rauhaa minä nukahdan
ihosi samettiseen pehmeyteen

RAKKAUDESTA

Sen mitä olen tehnyt, siitä joudun vastaamaan

Mitä muut ovat tehneet, sitä ei minulta kysytä

Sitä on elämämme, mitä me viljelemme

Tämä hetki on vain todellista, mitään muuta ei ole

Katumus on tunne, joka kasvattaa, katkeruus taas tuhoaa

Mitään mikä on jo mennyt ei voi muuttaa,
siksi on armollista antaa anteeksi, keventää omaa mieltään

Niin kirkas on tuo iäisyyden valo, pelkkää rakkautta
Mitä nämä maailman myrskyt meinaa sen rinnalla

Tappaa pitää itsestään se kaikki oikeassa olemisen tarve, antaa vain olla
Rakkaus tekee tyyneksi, antaa rauhan
Minä voin viimeinkin luottaa, että kaiken jälkeenkin on jotain
parempaa, alhaista ihmismieltä suurempaa

VIRRAN VIEMÄÄ

Virran välkkeessä, kuun kimalteessa
hehkui hentoinen kukka,
vapisten, kuin elokuun pimenevää yötä
peläten

Veden pinnan loistaessa kauneinta purppuraa
kukan väriä toistaen

Niin kaunis, niin hauras,
hetken vangiksi jääneenä vain tuijotin,
Lumouduin ja kaiken muun unohtaen huumaannuin

Arkuuden naamion taa sinä piilotit nuo
kylmät viettelijän kyntesi ja minä olin mennyttä

Aamun sarastaessa tunsin ihollani
nokkosten kuumottavan poltteen

Vaikka virta viekin kyyneleeni, en silti voi sinua unohtaa

RAKKAUDEN PÖLYÄ

Samojen tähtien alla kaipuun, ikävän hetket
meidät yhteen taas saattaa

Olin vain "ritari öinen", satujen maan
Haaveesi kerran sai meidät rakastamaan

Enhän minä voisi kuulematta olla, kun yön tuuli laulusi
hellimmän korviini kantaa

Minä lähetän sinulle kauneimmat
taivaan timantit

Tähdenlentona ne hetken ohikiitävän valaisee akkunaasi

Kimaltelevaa rakkauden pölyä kulkurin rinnalta tyynyllesi tipahtaa

Sulje silmäsi kaunoiseni, uneksi, pian jo aamu tähdet sammuttaa

JANO

Janoinen etsii vettä
kostuttaakseen kuivaa suutaan

Virvoittavaa janon sammuttavaa vettä

Kaivolla katsoin hetken kuvajaistani,
kun se kirkkaaseen veden pintaan piirtyi

Laskiessani ämpärin se särkyi, kuin
niin monet unikuvani

Ei enää ole kaivoa, ei tyttöä pihatuvassa,
joka kujeillen keimaili rappusilla

Ei sammuttanut janoani hanasta
kuohuva mallas, ei kupliva viini,
ei taskulämmin kirkaskaan

En enää löydä väreilevää kuvajaistani,
en kotiveräjän suuta

Uskon, etten enää janoinen olisi,
jos vielä kerran saisin juoda pihakaivosta

Suolaiselta maistuvat kyyneleeni,
jotka kaipuu saa poskilleni

Lohtuni olet sinä armaani, joka
tarjoat sydämelleni kodin ja
lämmität miestä, joka muuten jäätyisi
muistojensa sammuneelle nuotiolle

ÖLJYLAMPPU

Öljylamppu sinun kamarisi
pöydällä ja ne tuoksuvat ruusut

Siinä on sydämeni ikävä,
kun pimeillä teillä kuljen

Ilta illan jälkeen sinä
sen sytytät, etten kokonaan eksyisi

Minun täytyy kulkea nämä
mieleni harhapolut
tyynnyttääkseni villi vereni,
voidakseni antaa itseni kokonaan

Jos lamppu palaa, kun
saavun polulle, joka
johdattaa sydämeni kotiin
astun riemulla sisään
jäädäkseni rakkautesi syliin

Vaan jos ei, niin silloin
tiedän vaatineeni sinulta,
jotain mitä ei koskaan ollutkaan

ENKELI JA UKKO

Tein minä ukon, itseni näköisen
Lumesta sen loin iloksesi

Laitoin napit, nenän ja
hiilestä silmät

Sinä teit enkelin, itsesi näköisen,
ettei ukko yksin olisi

Hetken seisoimme työtämme
ihailemassa alla Luojan tähtien

Minä rakastan sinua lumienkelini,
vaikka laitoitkin ukolleni
ämpärin päähän

Lahja se on tämä elämän retki
ja kiitosaihe tämäkin hetki.

SYDÄN SYDÄMELLÄ

Sydän sydäntä vasten 🖤
sielu kumppaninsa sylissä

Pakenee pakkanen rakkauttamme
ja minä käperryn sinuun

Niin hiljaa sinä puhallat pois kaiken
sen mikä voisi meitä satuttaa

Hyräilysi muuttaa tuskani kiitoslauluksi
enkä minä tarvitse mitään muuta

METSÄMANSIKKANI

Metsämansikkani, kesän lahja

Sateen ropistessa katon peltiä vasten,
sinä hehkut vierelläni
enkä minä saata olla sinua maistamatta

Pehmeiden huuliesi koskettaessa omiani,
tiedän sateen taas joskus taukoavan,
auringon taivaalle nousevan

RAKKAUDEN PEILI

Silloin kun peilikuvani vielä hymyili minulle joka aamu,
uskoin ehkä olevani kuolematon

Väität, ettet nähnyt komeuttani, vaan sieluni,
joka kaipasi niin kovasti,
jotain kaunista, jotain hyvää

Sinä se sait minut ymmärtämään,
kuinka kaikki se johon kiinnymme
on katoavaista

Opetit minua rakkaudellasi, saaden silmäni aukeamaan,
ymmärrykseni kasvamaan

Rakastaessani sinua opin rakastamaan itseäni ja
mieleni tekee edelleen syleillä koko maailmankaikkeutta

Niin kauan, kun on pahuutta, kaikkeudenkansi järkkyy ja
se saa koko maan vapisemaan

Ihmisen on niin vaikeaa oppia katsomaan toisen silmien kautta,
ymmärtämään tähtien tuiketta, joka kertoo meille,
että olemme kaikki yhden suuren rakkauden lapsia

SOI HILJAA

Soi hiljaa mielen sopukoissa
vapauden sävel,
menneiden päivien utuinen uni

Vuodet vierii ja aika kuluu,
vaan enkö siltikin
vielä rakastaisi,
enkö vieläkin
tanssisi huumaavan hetken
kuullessani sinun soittavan
rakkauslaulumme kaikkine
kyyneleineen ja huuman hetkineen

LASI VIINIÄ

Liiankin hienolle maistuu
tämä viini suussani,
eikä se lainkaan rintaa
lämmitä niin kuin rommitoti

Paremmin muki pysyy kädessäni,
kuin tämä kristallilasi

Enkö kuitenkin tähtesi tämän tekisi,
sillä tiedän sinun vielä enemmän
minua rakastavan

Suudelmaa minä huuliltasi janoan
Nyt kun lasit ovat tyhjät, eikö
olisi aika riisua kaikki turha
Sinusta minä juopua haluan

Huoneessa leijuu ruusujen tuoksu
Jumalaiset viettelijän silmäsi kiiluvat
kristallia kirkkaammin ja minä
antaudun edessäsi nauttiakseni
sinusta, jonka iholla lepää yön hehku

SIELUNI PERHONEN

Kenen sydän on täynnä rakkautta,
saa kukkimaan sielunsa puutarhan,
hehkumaan väreissä niin,
ettei sitä voi huomaamatta olla nekään,
jotka sadepilvien alla asuvat

Silti sielläkin loistossa
viihtyvät nuo surun airuet,
hennot sinisiipiset sielujen
värinää tulkitsevat perhoset

Kärsimyksemme eivät ole
rangaistus, vaan opetukseksi meille, että
me tuon siipien havinan kuulisimme,
että se meille armosta ja rauhasta kertoisi

KEVÄÄN LILJA

Yhtä aikaa niin suloisen viaton,
silti säkenöivä viettelijä

Niin kuin norja pajuvitsa
on vartesi

Kätesi kiedot kaulalleni,
samalla sitoen minut
pettävään seittiisi

Lumoutuneena uskon
ikuisuuteen aivan,
kuin hiirenkorva kevättuulessa

Annan itselleni luvan
kaikkiin tunteisiin

Enkö minä sinua rakastaisi tuona
hetkenä, kun puutarhassa aukeavat nuo
kevään ensi liljat, tuoksullaan
peittäen himosta syntyneen
valheen

AIKA NUORUUDEN

Mitä minä vielä elämästä tiesin

Yö oli lähes yhtä lämmin kuin
iltaan kulunut päivä

Rakkaudesta me kuitenkin
tiesimme kaiken

Kuutamo loi siltaa järven pintaan
ja minä uskoin hauraan onnemme
kestävän

Miten notkea olikaan vartesi, pehmeämpi
untuvaa ihosi hipiä

Huuliesi hyväilyt polttivat sieluni pintaa
Tahdoin niin sinun kuiskivan nimeäni,
että ikuisuuden äänesi soinnin muistaisin

Kuljit aamun valjetessa luotani
jättäen viileän ikävän kipunoivalle iholleni

Nimeäsi toistin usein kun eksyin surujen
rannoille, viettelysten poukamiin tai
poimin kapakkaruusuja

Kaipasitko sinä koskaan tai kuiskasitko
nimeäni ikävä huulillasi

Kostuivatko silmäsi kyynelistä, vai
puhalsitko muistoni maailman tuuliin

HELLIMMIN SATUTETTU

Hellimmän kyynel poskella
kovan käden pois pyyhkäisemä

Pahimman tehneen sylistä etsii
turvaa toisen satuttama

Kömpelösti hakee mies muistinsa
sopukoista hyvyyttä

Viattomin vapisee ja taivaan tähdet
valolla tahtovat heitä rohkaista

Kohtalo kietoo heidän varjonsa yhteen

Utuharso haihtuu tehden heidät suojattomiksi,
mutta vahvoiksi he ovat tulleet toisistaan

Sydämiin palaa lämpö

Miehen kömpelyys sulaa hymyyn ja hän
kuiskaa yöhön kauneimmat sanat

Kyynelten kirkastamat silmät tuikkivat vain hänelle
ja taivaan kannen valot tanssivat

Valmiita he ovat uuteen päivään
Ei kukaan voi heitä tuomita ei satuttaa

Ehkä niin oli määrätty, että kaiken piti
tapahtua, ennen kuin he voisivat yhdessä olla

SIIPIRIKKO

Armaani, minä olen väsynyt,

En jaksa kohota lentoon,
mutta ei se tarkoita sitä,
ettenkö rakastaisi

Kuulen kuinka minua kutsut
kerallesi taivaan tähtien alla
Voimani eivät vain riitä vielä tänään

Olen kuin piesty puu myrskyn jäljiltä
Juureni ovat tiukasti mullassa,
mutta oksani ovat katkeilleet tuiverruksessa

Vielä on aikaa kevääseen,
enkä minä kaipaa kuin sitä hetkeä,
jolloin auringon ensi säteet saavat minut uudistumaan,
että taas tunnen ne kaikki elämän tuoksut

Rakkaani minä pyydän,
laskeudu vierelleni,
ollaan vain hiljaa, odotettaan

Kevään lempeät tuulet saavat syttymään ilon liekin

Kiitollinen olen taas kaikesta, mutta eniten siitä,
että sinä minua rakastat

RAKKAUDEN AAMU

Iho aistii hyvyyden,
joka puhuttelee sydäntä

Kuinka puhtaaksi voikaan rakkaus kasvaa
kahden ihmisen välillä,
jotka ymmärtävät lahjan saaneensa

Vielä väreilee ilmassa hyväilyidemme lämpö,
enkä minä tunne yhtään
pahaa ajatusta

LENTONI

Niin kevyt on uneni
Hetken tuikkivat tähdet ja muistan ajan, kun en vielä pahuudesta tiennyt
Viattomuuden säteet kuutamon kehrästä silloin
ympärilleni kietoutuivat suojaten
" Ei kukaan säily kuivin jaloin", sanottiin

Haluan herätä, suutani kuivaa, en tahdo muistaa
Niin meitä on monenlaisia, enkä voi olla ihailematta
niitä, jotka läpi elämänsä säilyttävät hauraan lapsen mielen
Niin syviin kuiluihin minä putosin, en oppinut niitä välttämään,
vaan opin tekemään hyviä narutikkaita pajunköysistä pettävistä
Ei voi mielenrauhaa löytää valheista, ei unohdusta väkevimmästä viinasta
Silloin kun uskoo, että se oli tässä, kuin filminä kaikki mielessä kulkee,
tuska saa minut ymmärtämään,
kuin rannan hiekkaa, maan tomua olen minä
ja minä annan kaiken anteeksi, anteeksi kaikille ja ennen kaikkea itselleni
Minä leijailen tuulen sylissä, annan ajan virran kuljettaa

Näen kaiken sen hyvän mikä meissä on
Kuinka jokainen eläinkin huolehtii lapsistaan, taistelee,
että he saisivat elää
Nurmella liljoja, niin tuoksuvaisia ja niityllä päivänkakkaroita
Arkana kauris kumartuu lammella juomaan, kettu
juoksee metsän reunaan kadoten sen suojaan

Unen läpi minä muistan kauneimman tähteni,
tunnen hellän käden otsallani
Minun täytyy herätä, palata luoksesi kultasirkkuni,
sillä vielä ei valmis ole yhteinen helminauhamme,
Nähtyäni kaiken kauniin, vieläkään en hymyäsi unohda.

LASILLINEN MUISTOILLE

Muistojen kiusaama vanhentuva mies,
väljähtänyttä viskiä lasissa,
haalistuneita piirustuksia ihossa,
tihkuvia arpia sydänlihassa,
hiljaisuus ympärillä musiikin tauottua
Lilja valkoinen, olikokaan hän sen kaltainen,
vai petosko oli valmiiksi liannut kukkasen
Olinko minä koskaan sen arvoinen
On se kummaa kuinka se vieläkin
toisinaan puristaa, kuin viiltävä
veitsi se miestä satuttaa
Petturi, itse petetty, pettymyksen
verellä valeltu, sielun surulla särjetty
Vielä vietiin ainoakin, mikä siinä oli
hyvää, viatonta, riistettiin hänet, joka
oli kaiken arvoinen
Lumi sulaa ja penkat tien vierellä
muuttuvat likaisiksi, ei tämä maailma
lastaan armahda, ei anna unohdusta
Pimeimpänä hetkenä tarttuu hyvyys
väsynyttä olkapäästä, hymyillen se
pyytää nukkumaan, siirtäen lasin syrjään
ojentaen kättään
Vieläkö näillä menneisyyden aaveilla
kiusaisin häntä, joka on puolestani
kulkenut tulimeren läpi.
Hän ei tullutkaan luokseni valheen valkoisena,
mutta hänet on kirkastettu näissä tuskieni öissä, arkisissa päivissä
Enkö jo viimein voisi jättää tämän katkeruuden
ollakseni Tuliruusuni arvoinen,
vain häntä rakastaen, antaen aaveitten levätä

RAKKAUSTARINA

Voiko olla ihanampaa näkyä
kuin rakkauden pukuun verhoutunut
nainen

Silmät loistavat lämpöä ja samalla
hehkuvat kiihkon kirkastamana

Vartalon liikkeet muuttuvat sulokkaiksi
Vuosien arvet hukkuvat
hyväilyiden mielihyvään

Huulten kaari vaatii
suudelmia ja pehmeät huulet
maistuvat rakkauden viiniltä

Vuodet eivät voi nujertaa
sitä minkä kirjoitimme
toistemme sydämiin ja
sanoithan sinä sen olleen jo tähtipölyssä

Tule tyttöni, tule,
tänä iltana olet kauniimpi kuin koskaan.

KUVA KAARNALLA

Tangon tulisimman tanssimme
kaupungin illassa

Hellimmin kosketit meren aaltojen
laulaessa rakkaudesta

Auringon noustessa tunsin
tummimman tuskan painon povellani

Katsellessani poispäin kulkevia
jälkiäsi hiekalla, kuiskasin nimemme tuuleen

Kaarnalle piirsin rakkauden kuvan, jonka
laskin suolaisille laineille

Ohikiitävää, huuman luomaa tähtipölyä
ikuisuuden virrassa

Kipunoivilla huulillani vielä makusi
saa minut haluamaan pitää kiinni

Kuvaksi kauneimmaksi jäit kaarnan palaan

Ehkä se ajautuu kotirannallesi ja saa sinut
muistamaan onnemme hetket,
tai sen myrskyävä meri hukuttaa,
unhonyöhön haihduttaa

SYKSYN LEHDET

Silloin satoi kaatamalla

Musta asfaltti kiilsi katuvalojen hyrskeissä

Kaikki oli lopussa, sinä sen päätit

Ehkä odotit minun estävän lähtösi,
mutta minä en ollut sellainen

Sydämeni itki kilpaa kera taivaan,
etkä katsonut edes taaksesi

Huulilleni nousi nimesi,
ylpeyteni esti minua huutamasta

Niin on vuodet menneet
ja niin monet syksyn lehdet

Silti en sinua unohda, vaikken sinua etsi,
en enää rinnalleni ottaisi

Olit kuin nuo hetken väreissä hehkuvat lehdet,
joita ei uusi kevät enää kaipaa

USVA

Usva leijui
viljapellon yllä ja sinä
katsoit jonnekin kaukaisuuteen

En sinua tavoittanut, vaikka
seisoit vierelläni

Kypsyvän viljan tähkistä
keräsit kimpun, leivän maku huulillasi,
etkä riutuvan sydämeni kaipuuta
kuullut

Kuinka me toisiamme ymmärtäisimme,
kaksi niin erilaista,
silti tahdoit, että sinua puristaisin,
syliini painaisin ennen kuin usva katoaisi

Kyynelhelmesi piilotit kopeutesi taa,
etkä utuverhon takaa löydä minua enää

ELÄMÄN TULI

Kuin tulta on levoton sielusi,
elvyttävää elämänvoimasi

Et yhtään hetkeä tuhlaa,
vaan kipunoiden elät
tässä ja nyt

Olet voima uupuneelle,
anteeksianto hairahtaneelle

Olet ilo ja nauru, vaikka
silmissäsi kimmeltäisi kyynel

Olet vapaa siitä mikä
ihmisen kahlitsee, irti kaikesta

Juuresi ovat tulessa
Rakkauden ravitsemana
hehkut veren purppuraa
ja minä odotan vain
sitä hetkeä, että sytytät
minunkin juureni tuleen

HILJAISUUS

Vaikka sanoisin kaikki kauniit sanat
säteileviin silmiisi katsoen
uskoisitko ne, ellei käteni ihollesi
rakkauttamme kirjoittaisi

Jos kuulisit kaikki valheet
minusta, niitäkö surisit, vaikka huuleni
samettisille huulillesi totuuden puhuisi
Ei kunniani eikä rakkauteni ole sanoissa,
vaan ne on minussa, hiljaisuuden keskellä
teoissa

Niin kuin syliini painaudut sydän avoinna,
anna minun olla myös mies teoissa,
ei sanojen takia, ei ihmisten puheiden takia,
vaan meidän tähtemme, ettei ihmisten
tyhjänpäiväisyys meitä tuhoaisi

Joka sanoista nousee ja laskee ei
miehuutta tunne, ei rakkautta ymmärrä

Ei minua saa tolaltaan hämmentelijät,
ei enää ne, jotka rakin lailla räksyttävät
Rakkauden voima on minut vihasta puhdistanut,
ihmisten sanoista vapauttanut

Rakastettuni, piikuni, kultahiireni, onnemme
on tässä hetkessä, totuus hiljaisuudessa
tähtitaivaan äärettömyydessä

VEREN KAHLEET

Voiko häntä sanoa pahaksi,
joka ei edes tekojensa seurauksia ymmärrä

Kuinka voisi hän edes totta puhua,
jonka elämä on täynnä roomia, pelkkää valhetta

Voin jäädä tähän valheeseen,
tyydyttää horjuvaa miehuuttani ansaasi astuneena,
elää päivän lapsena vastuuni unohtaen

Mutta minä valitsen toisin, eivätkä kavallat sanasi,
jäätyneet kyyneleesi, saa mieltäni muuttumaan

Kävelen ulos pääovesta yleisölle kumartamatta,
viimeinen näytös, kaikki on ohi, tähti on sammunut

Älä muista minua pahalla, älä hyvällä,
sillä ei tämä ollut minkään arvoista

Ehkä löydät vielä jonkun, joka tahtoo pääroolin,
jonkun joka ei muusta ymmärrä

Kiitollinen olen siitä, että esiripun takaa kajastava valo,
antoi minulle suunnan,
rohkeuden lähteä, ennen kuin kaikki
tämä tyhjänpäiväisyys olisi järkeni sumentanut,
enne kuin parrasvalojen kirkkaus olisi minut sokaissut

SINISEN LAMMEN LAPSET

Niin kaunis on lampi sininen
rannalla lapset haaveiden, unien

Kun luulemme onnemme särkyneen,
unelmiemme luotamme lähteneen,
emme tiedä että ne ovat vain palanneet
kotiin

Taivasta sinisempi on pinta lammen sen
ja se löytyy keskeltä metsän sinisen
Kesä siellä on ikuinen, valo auringon
hoivaa särjetyn

Kun kaipuusi suuri on, surusi suunnaton,
tai uskosi liekki voimaton
sulje silmäsi ja lapsen lailla anna
ajatusten liitää

Ehkä kohtaat nuo pörröpäät unien,
säihkysilmät haaveiden
He sinut lammen rannalle johdattaa ja
kyynelten sinisten vettä juoda saat
Se sydämeen rauhan lahjoittaa ja
hetkeksi kaiken takaisin saat

KAHLEET

Synkkyys sisälläni, ihmisyyden tuska

Itse sen kaiken säilöin,
tulevaa pimeää jo murehtien

Vapaako on hän, joka kaiken tekee,
minkä hänen itsekkäät halunsa kuiskivat,
vai niinkö hän itsensä orjuuttaa

Se joka ei kunniaa kaipaa, ei nautintoja
etsi, on itsensä vapauttanut

Joka ymmärtää oman olemattomuutensa,
saa onnen hetkistä,
henkensä tuulen tanssiin vapauttaen
kera syksyn värikkäiden lehtien

Siis olen, olen sen hetken, kuin myrskyn riipimät lehdet,
kuin kevään herkät versot, tai kesäyössä tuoksuvat niitty kukat,
kuin pakkashankien kimallus,
osa suurta rakkautta, jota vastaan rikoin itseäni satuttaen,
vaan paluu vapauteen on suurta tuskan viimeinkin irrotessa,
henkeni kahleistaan vapautuessa

VOIMA RAKKAUDEN

Niin kauan kuin veri suonissani virtaa,
niin kauan minä sinua haluan

Kaiken jo melkein nähneenä voin sanoa,
ettei mikään syty niin herkästi, kuin
se polttava intohimon liekki välillämme

Se on rakkautemme voima, joka kietoo
meidät yhteen vuosienkin jälkeen

Sydämeni rauhoittuu rinnallasi, mutta
vereni saat kiehumaan

En tiedä mitään kauniimpaa ihmisten
välillä, kuin kaiken eletyn jälkeen
kirjoitat raikkautesi iholleni

MIKÄ OLET SINÄ IHMINEN

Vaikenee hän, kenellä on viisaan nöyryys
ja jos hän jotain sanoo sen mukaan hän elää

Miten sitä tietäisi kenestäkään toisesta valalle
mennä tai ketään mitätöidä

Eikö sitä saappaansa ojentaisi hänelle,
joka avohaavoissaan paljain jaloin kulkee

Eikö leipäänsä jakaisi niiden kesken,
jotka eivät ole ravintoa saaneet

Miksi pelätä kuolevien edessä
ja korskeana kulkea ihmisten pilkalta
säästyäkseen

Eikö ennemmin surmaisi vihan itsessään,
kuin veljensä kanssa riitelisi

Kiitollinen, onnellinen, suuresti siunattu,
rauhaa, tyyntä mielenrauhaa

SYDÄNYSTÄVÄ

Jos minä eksyn maailman tuuliin,
sinun liekkisi loimu
ohjaa sydämeni kotiin

Rankkasateen sattuessa
piilotat hehkuvan kekäleesi
lämpimän tuhkan alle
Kun taas puhaltaa pieni
toivonvire, ystävyytesi lieskat
roihahtavat hurjaan tanssiin

Ikituli, kuin järkkymätön
peruskallio on ystävyytemme

Olet sydämeni syli, unelmieni
kulmakivi, elämäni riehakas tanssi
ja sydänkyyneleideni tyyssija

SATEEN TANGO

Sataa, hymyillen keräät
pisaroita ihollesi

Kosteus saa hiuksesi aaltoilemaan

Viettelevä minttu sekoittuu syreenien
hempeään tuoksuun

Liikut hyräilysi tahdissa ja minä
tavoitan tuon tangon

"Hiljainen tango sateessa soi.."
Laulan sinulle, ja viet minut
avojaloin nurmikolla huumaavaan
tanssiin

Hetken taikaa sinä osaat luoda
harmauteen, kauneuden pukuun
on sydämesi puettu

Saatillehan se minä pääsen tanssin
loputtua, enkä voi sanoin kuvailla
tätä riemua, joka rintani täyttää

LOPPUKESÄSTÄ

Heinäkuun lopun hämärä ja viilenevä ilta

Hieman haikeaa on luopua kesästä

Keräsinhän talteen onnellisten öiden
päivänkakkarat ja niistä solmin
muistoihini kimpun

Kuun valossa näytät armaani
keijukaiselta ja minä tiedän sinun
jakavan jokaisen kimppuuni kukan

Niin valkoinen on niiden väri,
eikä enää ole niissä lakastuneita tai
likaantuneita

Sinä kirkastit rakkautemme ja sait
minutkin ymmärtämään

Kun tahdon lausua kiitokseni
sinä vaiennat minut suudelmin,
enkä voi olla allapäin, kun kätesi
hyväilee niskaani liukuen selkääni alas

Rutistan sinua lujaa, sillä sinä olet
kesäni silloin, kun lumi peittää
päivänkakkarat.

LIEKKI

Tulesta syntynyt
tuuleen eksynyt

Puhalla, puhalla,
ettei sammu sen hiillos

Älä pelkää puhuria,
joka tempaa sinut mukaansa

Älä säikähdä lieskoja,
jotka lyövät taivasta vasten

Polttavathan ne mutta
se on elämän tulta

Jos et ole irti, niin
et lennä tuulen mukaan

Jos et ole vapaa, ei
tuli saa sinua syttymään

Jos olet kylmä, menetät kaiken, vain tuhka jää

KESÄYÖ

Kesäyön hämärä, hetki ennen unta

Tunnelma syntyy kuin itsestään

Jossain poissa kaikki turha ja lasikristallit

Ken poimikaan ne suopayrtit, sydämessään
kenties ajatus juuri minulle

Kynttilän liekki kuin elämän tuli

Sinä istut siinä vierelläni ja minä
jo viimeinkin sen ääneen tunnustan
Kiitollinen saan olla niin paljosta

En voi sanoin kuvailla sitä onnen tunnetta,
joka juuri nyt minun rintani täyttää.

PISARA

Pisara hajoaa osuessaan maahan,
pian jo häviten lätäkön veteen

Pisaran verran pyysin rakkautta
peläten kaiken särkyvän

Hyökyaallon lailla hyväilysi hukuttivat minut,
hellyydestäsi hämmentyneen, rakkauden mereen

Henkeni salpaantuessa tiesin
sinun kelluvan kanssani rantaan

Sateen tauotessa ja aaltojen muuttuessa
hiljalleen liplatteleviksi laineiksi,
näin aamun sarastavan silmäluomiesi takaa
tietäen, etten enää pelkää

YÖN HEHKU

Yön hehku ihollasi, silmissäsi tähtien taika,
sinä tulit viereeni ja minä
halusin sinua niin

Kaksi, jotka luulimme olevamme
kaikilta kaivattuja, emme voineet
olla irti toisistamme, vaikka
pelkäsimme kumpikin toistemme
rakkauden petollisuutta

Kumpikin halusi lähteä ennen,
kuin kaikki se kaunis muuttuisi
iva mieleksi ja eron kyyneliksi

Oman polkumme kuljimme kumpikin
maailman meitä opettaessa pettymään
ja saamaan

Ylpeytemme eksyttäminä emme kuulleet
rakkauslauluamme, vaan annoimme
hetkessä kaiken sen mikä olisi voinut
kantaa läpi elämän

Valokuvasi jäit pöydälleni ja minä
hymyillen sinulle, ystävä, nuoruuteni
kaunein muisto

Toivottavasti tulit onnelliseksi ja
pystyt vastaamaan hymyyni ystävänä

SANONHAN SEN

Vuodet kuluu, mutta sinä olet muuttumaton,
Silmiesi tuike on sammumaton

Huultesi kaari saa minut haluamaan
suudelmia

Eihän kaikki mennyt niin kuin unelmoitiin,
mutta yhdessä selvisimme

Rakkautesi valkealla lämmittelin myrskyn
raivotessa

Kiitokseni ansaitset jokainen päivä

Tule tyttöni, tule, meidän valssimme
soi

KULKIJAN SIELU

Niin kauan,
kuin tuli palaa kulkijan sielussa,
on hän vapaa

Et saa arkisiin kahleisiin häntä,
joka on luotu lentämään unelmien pilvillä,
tanssimaan sydämen rytmeillä
ja kurottamaan taivaita

Älä heitä kyynelvettä kulkijan rinnalle,
vaan kosketa roihuavaa
sydäntä silläkin uhalla, että kätesi palaa...

PYÖRRE

Ystäväni, tunnen ahdistuksesi

Tiedän että olet taas joutumassa
tuohon synkkään pyörteeseen

Ehkä en saa sinua pidäteltyä
Sen tummanpuhuva voima on liian suuri

Älä pelkää, tällä kertaa hyppään mukaasi,
vaikka et kuule sanojani, pyörimme yhdessä

En hellitä otettani, en lakkaa välittämästä
Kun viimein taas pimeys hellittää,
kun taas näet, olen vierelläsi

UNIKKONI

Niin todellinen oli se uni
Kuljit keskellä kukkivien
unikkojen

Nuoruuden kirkkaat olivat
kasvosi ja silmistäsi
säteili elämän tuli

Eihän tuo tuli ole vieläkään
sammunut, vaikka eivät
kaikki aamut enää olekaan
niin suurta riemua

Uneen en tahtonut jäädä,
vaan nousta tähän päivään
kanssasi

Kultaiset nuoruutemme niityt
säilyvät sydämessämme

Kun sinua katson,
saman valon näen
silmistäsi, vaikkeivät
kasvosi enää sileät olekaan

SYDÄMESI HEHKU

Talvi sinnittelee vetäen
ovea kiinni kevään edestä

Pimeä on mustempaa, kun
eivät hanget hehku valkoisena
Peittokaan ei lämmitä

Tunnen olevani yhtä heikko, kuin kevät
tämän pakkaseen edessä

Tulet viereeni kietoutuneena yönharsoon
Taivaan kannen tähdet kimaltelevat
silmissäsi ja ihosi lämpö sulattaa
jäätyneen maan
Sylissäsi on ikuinen kevät
Leuto tuuli hulmuaa hiuksillasi
Tunnen kuinka kevään hennot kukkaset
tuoksuvat ympärilläsi

Olet lumoava ja lannistumaton luonnon
voima, joka tuo kevään sydämeeni
Kun sinua hellästi rutistan itseäni vasten,
aukeavat nuo kukat täyteen loistoonsa
Niin huumaava tuoksu täyttää huoneen,
enkä minä enää palele

Tuhansien öidemme hehku lepää meissä
eikä sitä voi takatalvikaan himmentää

TALVEN JÄLKEEN

Vieläkö jaksaisin sinuun uskoa
ystäväni kevät

Vieläkö saat suonieni jäätyneet
padot murtumaan
Vieläkö nousee siivilleen
horroksesta sieluni
Vieläkö laulaa sydämeni
kera kukan nuppujen
Valoa, aurinkoa, muisto jostain
menneisyydestä ja vapauden
villeistä tuulista
Vieläkö tempaat mukaasi
vanhan kulkurin

Ei kevät tuoksu enää niin
kuin ennen,
Poissa on ratapölkkyjen
terva, pikiteiden
polttava katku
Eikä aamusta leiju ilmassa
enää vastaleivotun leivän
houkutteleva maku
Poissa kulkijan auringossa
kiiltävät saappaat

Vaan siltikin, enkö minä
lähtisi, lähtisi heti kun
maantie sulaa, kulkeakseni
vielä kerran unelmieni päästä päähän

KYLMÄN KUKKA

Haaveen luomaa taikapölyä yksinäisten vaunussa,
matkalla määränpäätä miettimättä
kiireen uuvuttamat virheettömät matkustajat

Emmehän me milloinkaan olisi tavanneet, jos
emme sattumalta samaan vaunuun olisi eksyneet

Kuinka polttikaan kosketus ihojemme kohdatessa,
taikahetkemme, unen kaltainen

Miten rajusti purkaantuikaan ihmisen ikävä,
kylmien, tyhjien kosketuksien jäljet pois pyyhkäisten

Ohikiitävien minuuttien ajan tunsit olevasi elossa
Näin silmissäsi rakkauden kipunat,
mutta hymyssäsi viipyi jo tuttu viileys
Kun nousit vaunusta, kuuntelin poistuvien korkojesi kopinaa

Älä turhaan odota
Emme satu samaan vaunuun enää,
vaikka se hellyys mikä sinuun on kätketty,
luokin kaipuun kuvia ikkunaan,
kun istut iltaisin junassa matkalla kotiin
Kotiin, jossa on kaikki mitä rahalla saa,
mutta vain kylmyys sinua vastassa

PELON VANKI

Pelkojensa vanki, pimeään eksynyt kultasydän, sinisiipi

Peläten riittämättömyyttään,
peläten loppua ennen alkua
tuomiten itsensä yksinäisyyteen

Elämän koskissa vesi virtaa
pysähtymättä, ei se odota huomiseen,
ei tuo takaisin eilistä

Sydämeni, verta ja lihaa sen armoilla kulkee
Pyydän, älä pelkää, älä emmi
Rakkautta se on tulvillaan,
muuta en voi luvata

Niin kaunista on kulta, mutta kylmää
Elämän veri voi senkin lämmittää
Kultasydän, sinisiipi, tartu hetkeen,
anna kuohujen viedä ja
minä syleilen sinua kuumemmin,
kuin nuotiosi liekit

Hyppää perhoseni,
värisevän sielusi minä valan
rohkeaksi, rakkauden voimistamaksi,
ettet enää pelkäisi

TAKATALVI

Takatalvi kesän kynnyksellä
Oikkuilee ilma, niin kuin ihmisen mieli
Vaan eivät linnut lakkaa laulamasta,
ne tietävät kesän tulevan

Osaisinpa minäkin olla yhtä luottavainen
Kaiken kauniin minun silmäni hetkessä kadottaa,
jos myrskypilvet peittävät taivaan

Minä luulin tulleeni paremmaksi, jo
viisastuneeni vanhuuttani,
vaan siinähän se onkin,
eivät linnut luule, ne uskovat
Rakkauden ympäröimänä minä vajavainen
edelleenkin vain luulen

Yhden pyynnön minä huokaan
-Vahvista uskoani, vaikka minä horjuisin
anna minulle voimaa uskoa etten kaadu...

TAISTELUNI

Kuinka se kaikki sinua satuttikaan,
vaikka et antanut sen näkyä
Kaikki sanoivat sinua vahvaksi, mutta
myöhemmin ymmärsin sydämesi olevan
täynnä rakkautta

Vasta silloin ymmärsin, kun luulin sinun lähteneen,
kuinka se tuska jokaisella sydämen lyönnillä hiipii
syvemmälle kohti sielua sammuttaakseen kaiken
hyvän, hukuttaakseen rakkauden

Kun jälleen sain sinut rutistaa itseäni vasten,
kyyneltemme virratessa, rakkautemme avatessa
anteeksiannon portit, tunsin sen voiman suuruuden
uskoen tajunneeni jotain, minkä sinä olit
tiennyt jo aiemmin

Ei selityksiä, ei valheita
Niin kauan, kun on rakkautta, emme eksy liian kauaksi
Paha on pahaa ja hyvä on hyvää
Jos sydän tuntee rakkautta, se ei pahuutta kuule
Vaikeinta lienee ihmiselle luopua omasta mielestään
Taipumus on vahva omaa pahaansa selittää ja perustella
Opin viimeinkin vaikenemaan ja nöyrästi kiittämään
Kun katson sinuun, näen kyynelten kirkastaman rakkauden enkelin,
joka johdatti minutkin valoon

KATUPERHO

Miten helppoa olisikaan johtaa
sinut harhaan, eksyttää pimeään
Etsit niin häntä joka olisi sinun
Antaisit sielusi hyvästä sanasta
Rakkaudeksi tulkitsisit itsekkään
ilkeytenikin
Et vielä tiedä pahuuden syvyyttä,
et tunne hyvyyden pintaa
En minä ole se, joka sinut pelastaa,
sillä olen pohjalla, mutta tänä
yönä ei sinua kukaan satuta
Niin kuin hiillos hehkuu, näemme
kajastuksia kadotettujen onnesta
Valoon emme pääse, ennen kun
lakkaamme seuraamasta varjoja,
emme ennen, kun itseämme rakastamme
Tämä katujen kylmyys ei tunnu niin
raa`alta, kun hetken toisiamme lämmitämme
Sen verran on sydämessäni vielä uskoa,
että nöyrästi pyydän -Opasta rakkauden
kotiin tämä pieni yöperho, jonka siivet
ovat jo lentoonsa uupuneet, kohota hänet
siivilleen, anna siipien alle myötätuulta,
että unelmansa kantavat,
ennen kuin pimeys hänet nielaisee..

RADALLA

Illassa viipyilee haikeus
Kaiken eletyn jälkeen kaipaan
sitä kaiken yli kuplivaa
vapauden tunnetta
Tulet ojentaen kylmää oluttölkkiä
Tavoitat silmistäni nuoruusvuosien
kaipuun
Komennat minua ottamaan kengät pois
Äänessäsi on se sävy joka saa minut
tottelemaan
"Tule, mennään kävelemään radalle",
hymyillen vedät minut mukaasi.
Riehakkuutesi tarttuu minuun vaikka
jalkojani pistelevätkin kivet.
Ei enää ratapölkyt tuoksu tervalle, mutta
mieleni muistaa sen kaiken
Säikähdämme kun kuulemme junan
lähestyvän
Nekin on nykyään niitä nopeita pentoliinejä
Nauraen pyörimme radan penkkaa
Kohta jo teet voikukkaseppelettä
Haluan sinut juuri nyt, olet rakkaani ikuisuuden,
vaikka meidän maailmaamme ei enää ole
Suudelmasi saa sydämeni nuoreksi jälleen
Kaikkeuden kansi kätkee meidät yön
pehmeään vaippaan

NUKKUJA KAUNEIN

En millään raaskisi
herättää

Olet niin kaunis nukkuessasi

Kuinka rakastankaan
katsella sinua
Vaan enhän minä malta
olla koskematta

Hellästi kuljetan kättäni
pitkin kehosi ääriviivaa

Raotat luomiasi ja käännyt
vetäen peiton korviisi
Tuhahdat unisella äänellä
"Ei edes yöllä saa rauhassa
nukkua"

Ei auta armaani, tänään
minä nukun sinun peittosi alla
ja tiedän sinun aamun sarastaessa
heräävän ja hymyilevän,
kuin kaikki vuosien taakat olisi
harteiltasi pois nostettu.

TANGOTYTTÖNI

Miten se tarttuukaan tämä tanssilavan
huoleton ja kiihkeä tunnelma

Tango on meidän tanssimme
Intohimo luo kipunoita välillämme
Askeleesi taipuvat tahtooni ja lanteesi
ovat tulessa

Mieleni kulkee nuoruutemme hiekkarannalle
Paljain jaloin, hiukset avoinna seisoit
kuunsiltaa katsellen
Viettelevästi kuiski kirsikkasuusi pieniä
rakkauden sanoja
Näytit niin jumalaiselta
Kietoessani käteni ympärillesi tiesin olevani
koukussa ja niin pehmeästi suutelit
janoisia huuliani,
Kiihkon takoessa otsalohkoissamme,
kaikki muu menetti merkityksensä
Lempeän rakkautesi viipyilevät hyväilyt
kiduttivat minua joka olin syttynyt roihuun
Kauniimpaa en tiedä kohdanneeni, kuin
tuon täyttymyksen hetken jälkeen
raukeista silmistäsi loisti satumaisten
hetkien loputon lupaus

Viimeiset tahdit ja minä olen liekeissä
armaani
Lähdetään yön syliin suloinen tangotyttöni

NUORUUTENI POLUT

Mieleni on jo vanha kirmaamaan loputtomasti
nuoruuteni kultaisilla metsäteillä.

Sydämeni uupuu siihen elämän riemuun

Kroppa muistuttaa, että vanhahan minä jo olen

Kaiken tänään tekisin hieman toisin, paremmin,
mutta aika ei armahda

Kaikki ne tunteet, kaikki se koettu, kun ne vierivät
mieleeni hyökyaallon lailla, ne kuluttavat miestä

Olen uupunut, muistojeni väsyttämä,
mutta silti niin onnellinen ja kiitollinen,
kiitollinen ennen kaikkea teistä ystäväiseni,
koska teidän kanssa saan jakaa vielä kerran riemuni

POLTTAVA TIE

Niin polttava oli tie jalkojeni alla,
verenvietti minua ohjasi

Armaani, sinä heitit minut tuleen tietämättä,
että tuhkasta minä nousen uudestaan

Nousen jalompana, enkä enää niin janoisena

Kuvasi paloi iholleni, kun liekeissä kiemurtelin,
vaikken muutenkaan sinua unohtaisi

Vaeltajien valtiatar, sinä yön suloinen kuningatar

Annoit minun juopua paloviinasta riistääksesi sieluni,
mutta loitkin minut uudelleen

Jälkeesi osaan antaa yhdelle kauneimman rakkauden,
joka ei polta, ei satuta, vaikka päättyykin vasta,
kun kaikki on tuhkaa

YÖN RUUSU

Yön pimeän hetket kuin taikaa
hehkusi valaistessa pienen kamarimme

Hellästi hipaisee hyvyytesi sydänalaani

Ojennan sinulle kauneimman
ruusun, jonka terälehdet väreilevät
rakkautemme purppuraa

Viivy ihollani, antaudu hyväilyihini
Anna minun viedä sinut

Niin taipuu vartesi minua vasten,
kuin janoinen lähteelle kumartuu

Poltat armaani sisintäni ja
hikikarpalot kihelmöivät otsallani

Kaiken jälkeen raukeus lepää meissä
Ruusun hehku hiuksillasi nukahdat
hymy huulillasi ja minä täytyn
rakkautemme onnesta

KIELON KUKKA

Sateen ropistessa, pimeän pitäessä meitä
otteessaan,
äkisti tunnen hennon kielon tuoksun,
kuin muistojeni syövereistä, vuosien takaa

Olet taas tehnyt taikojasi
Hiukset märkinä seisot edessäni ja
minä näen silmiesi sinessä aitoa viattomuutta
Jälleen tunnen rakastuneeni sinuun

Vaikka sinä itse kiellät tiedän sinun olevan kotoisin taivaasta,
armon enkeli, rakkauden lähettiläs
Hellästi sivelen käsivartesi haalistunutta arpea,
enkä saata kai koskaan ymmärtää sydämesi laupeutta

Kesän toit jälleen tähän tyhjään huoneeseen,
valon sytytit pimeään

Kun sinua suutelen, niin kuin tuhannesti ennen,
on se silti jälleen ensimmäinen kertani.
Ehkä rakkautemme loppui monesti,
mutta koskaan et sanonut sen päättyneen

Mentorini sinä olet, enkä tänä iltana tunne syyllisyyttä en häpeää,
kun sinua rutistan itseäni vasten
Tähtipölyä, puhdasta rakkautta, vaikka ulkona myrskyää...

RAKASTETTUNI

Sateen jälkeen on ilma raikas,
kesän värit kirkkaammat.

Kuinka se kaikki huumaakaan pääni
ja tunnen suurta rakkautta kaikkia kohtaan

Tuoksut kieloilta, syreeneiltä, aukeavilta ruusuilta.
Maistut rakkaani metsämansikoilta.

Tässä hetkessä kaikki on hellyyttä,
kauneinta rakkautta.

Olet valloittanut kaikki aistini
Hellyyden hehku lepää ihollasi.

Yö ei riitä tämän rakkauden päähän,
ikuisuuden sinua palvon...

HUOKAUS

Kaiken nähneenä ja silti niin vähän oppineena
huokailen kaiken turhuutta

Sinä torut minua ja kehotat kiittämään
Niin kauan, kun yö väistyy uuden
aamun tieltä, ei ole mitään hätää

Miten vielä sen oppisin, minkä sinä olet
aina osannut
Kuinka niin vapaaksi tulisin, kuin
sinä olet aina ollut

Ei mikään mitä muut ajattelevat, tai
mikään mitä minulta puuttuu muuta sitä,
että minä olen
Olen ja elän niin kauan, kuin
Luojani päiviä antaa

Saan suukon jo lommoon painuneelle
poskelleni
Huulesi ovat edelleen yhtä pehmeät,
kuin silloin, kun niitä ensikerran maistoin

YKSINÄISET

Yön petollinen syli kutsuu meitä
yhteen, ettemme sen kylmyydessä paleltuisi,
vaan hetken toisiamme lämmittäisimme

Eksyneitähän me olemme luullen katuvaloja
taivaan tähdiksi

Lupaanhan minä tietäen unohtavani ja
sinä kysyt koska niin pitää tehdä

Ei tämä silti rumaa ole,
vaikka otimmekin halvasta viinistä huonon humalan

Hetkessä on kaikki kauneus, kun
kiedot käteni kaulalleni painuen
minua vasten

JÄÄHYVÄISET

Suutele minua armaani,
vaikka kalma jo maistuu huulillasi
Enkö minä luovuttaisi lämpimänä virtaavan
vereni, jos se palauttaisi kalvenneille
kasvoillesi elämän värin
Syleile minua, kuin yö lapsiaan syleilee
Miksi jäisinkään auringon nousuun,
jos tuonen kellot ovat jo soineet
Armaani, aarteeni, tumma tuonen ruusuni
vielä hetken sykkivät sydämemme
Emmekä me kylmää tunne tähtien tippuessa
sillä olemme toistemme turvassa

93

ONNELLISET

Sanoa kaikki puhumatta sanaakaan

Nuotion lieskat lanteillasi
polttavat hyväilevän käteni ihoa

Silmissäsi kipunoivat kekäleet
poraavat läpi kehoni
saaden sydänvereni kiehumaan

Onnenhetken hintaa ei kysytä

Kaikkeuden kansi rakoilee
tähtisateen tippuessa yllemme

Vielä silloin kun aamun auer vie
kuun ja tähdet
tunnen lempeän lämmön
nuotiosi hiipuvalla hiilloksella

Hellin huulin iholleni kirjoitit
kauneimman rakkauslaulun

RITARI

Untuvaa kevyempi
on painosi
Kuinka tahdonkaan sinua
suojella kaikelta
Pimeät yöt hetket valvon untasi ajaen pois kaikki
menneisyyden demonit

Samettia pehmeämpi on ihosi ja hiustesi meri
lainehtii rinnallani
pääsi kohoillessa hengitykseni tahdissa

Kunpa voisin sinulle antaa yön tähdet ja kuun
Silti se olisi mitätöntä sen rinnalla mitä sinulta saan

Toisinaan uuvut sinäkin, hetken olet heikko,
kaiken kokemasi ahdistama

Tällaisina hetkinä sydämeni
pakahtuu rakkaudesta
Tunnen joka solulla sinun
kiintymyksesi

Hellyyteni on ylitsevuotavaa ja
tiedän olevani ritarisi
Ei mikään voi sinua haavoittaa,
kun käsivarteni ympärillesi kietoutuu

HILJAA

Niin paljon turhia sanoja,
että korviani särkee

Vaitonaisen ohikulkijan hymystä
löydän enemmän rakkautta

Puhumalla ei mikään muutu,
jos sanoillani ei ole kaikupohjaa

Miksi selität, miten se kaikki sinua
liikutti, mutten näe edes kyynelhelmeä
poskellasi

Rehellisintä ihmisen puhetta on
raivokas itku tai riemuisa nauru
Hellin tunne on kätketty onnen hymyyn

Ole hiljaa, tule viereeni, anna minä
rutistan sinua

Tunnetko sinä sen, enkelisiiven hipaisun,
rakkauden lämmön joka virtaa välillämme
Tulkoon sanamme teoiksi, etteivät ne
tuuleen hukkuisi, etteivät lasihelmiksi
muuttuisi

KULKIJAN RUUSUJA

Katsotko sinä kiiltäviä saappaitani,
vai liipattua tukkaani
Näkevätkö silmäsi minut komeana
Tahdotko muuta kuin hetken
joka ei koskaan palaa
Tahdotko tuntea polttavan rakkauden
Sytytänkö joka solusi
Jätänkö sinuun kaipuun
Sitäkö sinä tahdot?
Ylpeä sinä olet, eikä sydämesi
lue rakkauden kieltä
Vaan ylpeämpi olen itse
Jos en kelpaa rinnallesi
päivään, tulen luoksesi yöllä
Saan huulesi kuiskimaan
rakkauden sanoja ja
tahtomattasi pyydät minua jäämään
Minä tulen kuitenkin vain
kerran, vieden mennessäni
sen kaiken vähän, mikä sinussa on rakkautta
Mikään ei enää milloinkaan
voi koskettaa sinua
niin kuin minä kosketan
Ylpeytesi kuori peittää sisimpäsi,
vaikka minä teen sinusta kerjäläisen
Rakkautta sinä anelet jälkeeni,
vaikka pidätkin kaiken sen
mihin sinut on kasvatettu
Omistat kaiken sen mitä minulla ei ole,
mutta silti minä olen paljon sinua
rikkaampi

VUOSIEN VIRTA

Istut siinä jotain ommellen
Sinua katselen

Et ole enää se arka tyttönen

Kuin varkain ovat vuodet käsistämme karanneet
Olet jo mummo, elämästä viisastunut, vakava

Vai kareileeko sinun suupielissäsi hymy
Tuikkivatko silmäsi sieltä lasien takaa
Tunnetko vielä sydämesi voimalla

Taidat tietää, että katselen sinua

Vieläkö roihahtaa se liekki, kun tavoitan
silmiesi peilityynen sinen
Vieläkö se saa veremme kiehumaan

Silloin joskus lupasimme ikuisuutta
sitä ymmärtämättä
Olemme saaneet kokonaisen elämän,
jonka viilenevässä illassa voimme vieläkin lämmitellä
lempeästi hehkuvan nuotiomme valossa

MONESTI KUOLLUT

En osaa nukahtaa ilman
sinua armaani
Nukahtamislääkettä tarjosivat,
vaan enhän minä mömmöjä ota
Kuinka sen osaisi kertoa, etten
minä pelkää
Jos on aikani, niin kuolema on
pitkän elämän jälkeen sovitus
Mutta kummittelemaan minä tulen,
jos rakkaimpani heti minut unohdat
Olen ollut kuoleman lähellä monesti
Tiedän kivun, kun veitsi uppoaa lihaan
Tunnen kuulasateen kosteina päivinä
jaloissani
Kaiken sen kestin ja taistelin elääkseni
oikean mittaisen elämän, juuri minulle tarkoitetun
Sydän sai pistoja rakkaudessa, pettävässä
lemmessä, julmissa leikeistä
Suru salpasi henkeni monesti ja sydämen
palasia irtoili niin arvaamatta, siitä
kivusta ei täysin kai koskaan parane
Vaikeaa on vieläkin luopua, jättää rakkaimpani
tälle puolelle, vaan ikuisuuteen täytyy
kulkea kuoleman portin kautta
Muistoni haalistuvat, kuvajaiseni särkyy,
enkä tahdo nähdä teidän itkevän vuokseni
Enhän minä tiedä, niin kuin ei kukaan,
koska on viimeinen ilta, tahdon kuitenkin
sanoa, että en minä pelkää enää
Armaani nimi huulillani, kiitollisena kaikesta

SINÄ SE OLET

Sinä se olet,
helmeilevä sadepisara koivun lehdellä
kesäsateen jälkeen,

Hiipuvan syysillan purppura,
johtotähti taivaankannella,

Pakkasaamun hangen kimallus ja
kevään ensimmäinen hiirenkorva,

Sinä se olet,
hellä kosketus aamun auetessa,
nauru päivällä, ilo illalla ja
yön lämpö,

Sinä se olet,
kuiskaus huulillani, sieluni peili
Sinä opetit minut rakastamaan
Sinä annoit minun erehtyä

Et vaatinut mitään, muta
yhdessä me saimme kaiken
Sinä se olet, eilen, tänään ja huomenna

SOVINTO

Miten hauras onkaan
se hetki, kun kaksi
taistelustaan uupunutta
kohtaavat ennen unta

Kosketuksen kainous
kuin vuosien takaa

Anteeksipyyntö sanattomassa
hipaisussa

Toinen vastaa siihen värähtäen

Kohta jo kummankin huulilla
kareilee hymy

Ei sen ole niin väliä kumpi oli oikeassa
Tärkeämpää on se, että olemme molemmat tässä

TULE

Tule pian, juuri sinä,
minun sydämeni valittu

Anna se mikä minun on,
eli ruumiisi ja sielusi,
sillä tämän kauneuden keskellä
tahdon sinua rakastaa,
hitaasti ja kiirehtimättä,
jokaisen liikkeemme aistien

Ajatuksemme kauaksi siirtää todellisesta maailmasta,
ihmisten pilkasta ja ivasta
Todelliseksi tehdä vain meidät,
sinut minun pienen juulini
sekä minut tumman jeenon, sinun herrasi

SYNKKYYDEN VARJOT

Astuessani tupaan tuntuu,
kuin ilman harmaus olisi jäänyt kiinni takin liepeeseen
pujahtaen sulkeutuvasta ovesta sisään

Vaikka muurissa palaa valkea, ei puiden rätinä saa
mieltäni rauhoittumaan

Kuinka monesti kastuinkaan elämän ojissa
Toisinaan sytyin kuin kuiva puu hiipuakseni tuhkaksi,
mutta hetket liekkien tanssissa tunsin eläväni

Satutamme toisiamme, satutamme itseämme,
kuin mieltä vailla olisimme

Joku nousee tuhkastakin, toinen ei saa nuttaansa kuivaksi,
vaan huuhtoutuu kuoleman jokiin

Avaan pesän luukun ojentaen käsiäni tulen lämpimään
Olkoon näin kun on, ei mitään voi muuttaa,
mutta onnellinen olin niinä hetkinä,
kun sain sinua rakastaa

LATTARILANTEET

Tulinen rytmi saa sinut liekkeihin

Niin kihelmöivän tuskallista
on lanteidesi viaton leikki

Hikikarpalot helmeilevät otsallani
taputtaessani sinulle tahtia

Hetki on sinun, näen kuinka
nautit tanssista, polte veressäsi
on sielusi lahja

Viekoitteleva hymysi kutsuu
minua ja kehosi haastaa kehoni
vastaamaan liikkeisiisi

En minä tätä kestäisi, jos en
tietäisi tanssin loputtua
sinun päätyvän syliini

YÖN HETKET

Rakkauden muuttaessa ihmistä suuremmaksi,
kasvaa halu antaa enemmän,
kuin halu saada

Kosketukseen tulee hellyys

Onnea on nähdä toisen silmissä
täyttymyksen kirkastamat tähdet

Maistaa huulilta niin makeaa
hurmion nektariinia

Yön hetkien muistot vielä aamulla
viipyvät mielessä, hellien
hyväilevät ihoa

KULKURIN KYYNEL

Aukaisin oman käteni nyrkistä,
riisuin turhat koristeet puvustani,
kohdatakseni lähimmäiseni ilman naamiota

Kuinkahan monta te vielä
ristiin naulitsette, ennen kuin ymmärrätte,
että uhri on meidän vuoksemme annettu

Niin helposti ihminen eksyy omaan luuloonsa,
omaan totuutensa, oikeuttaen omat tekonsa muiden vioilla

Sydämeni on raskas, mutta
uskon että te nuoremmat
rikotte muureja, rakennatte siltoja
Kulkurin kyyneleet kuivuvat
ja valonlapsiksi saa hän vielä kansaansa kutsua

RAKKAUSLAULU

Rakkauslaulumme kiihkeiden rytmien
hiipuessa hitaasti aaltoilevaksi
hyräilyksi, kohtaan sielusi sylin

Niin lämmin ja lempeyttä täynnä

Kuinka hyvä onkaan minun nukahtaa
sydämesi tasaantuvaan sykkeeseen,
vielä viimeisten tahtien keinuttaessa
sinua onnen raukeaan uneen

Tulilintuni, tähtisilmäni, sydämeni
ystävä, ainut rakastettuni,
en pysty sanoin kuvaamaan tätä
onneni määrää

Aamun sarastaessa heräät käsivarsiltani
sytyttääksesi taas minut roihuun

TURHUUTTA

Väsynyt, melkein turta, turhasta uupunut
Antaisitte minun olla

Olen niin täynnä teidän
draamaanne värinsä menettäneissä
kulisseissa

Repsahtaneen esiripun tipahtaessa,
ette kuule aplodeja, mutta
silti järjestätte uusinnan uusinnan jälkeen

Tahdotte, että olisin vihainen, vaan
en enää muista kuinka vihataan

Ottakaa pässi joka on narussa ja
antakaa sille päärooli
Vuorosanathan se jo hallitsee

Minä en enää tahdo tietää kissan
nimeä, en nousta ja laskea sanomisista
Ei elämä niin vaikeaa ole, jos ei itse
tahdo aina etsiä ongelmia
Päivää seuraa aina ilta ja yö päättyy aamuun

Antakaa anteeksi itsellenne, antakaa anteeksi
veljillenne
Vetäkää välillä henkeä ja kun olette
laskeneet taivaan tähdet, aloittakaa alusta
esityksenne, jos ette mielenrauhaa löytäneet

ITSEKKYYS

Ei kukaan muutu hetkessä
Monelle ei siihen elämä riitä

Se on oikein, ihmisen mielen
mukaan, minkä hänen yhteisönsä
hyväksyy

Vaikea on vieraan päästä sisään
siihen mihin ei ole kasvanut,
melkein vielä vaikeampi päästä irti
opitusta

Kaikki minkä kokee, muokkaa mieltä,
jopa häntäkin, joka ei muuttua halua

Ihmisyys on ainoa oikea ohjenuora,
rakkaus ainoa tapa elää

Ei minulla ole oikeutta, vaikka niin
uskoin, eikä sitä ole sinulla
Ei meitä pelasta tieto ei raha jos
emme sydäntämme kuuntele,
ellemme käsiämme nyrkistä avaa,
ellemme luovu itsekkyydestä, joka
harhaan ohjaa tekojamme

Vaikka saisimme kaiken anteeksi,
mitä se merkitsee, jos emme pahoillamme
olisi

KIPUNI

Kuka sen kivun asetti minuun,
joka jo lapsuudessa söi luitani?
Kuka sen pelon istutti mieleeni jo
silloin, kun en vielä maailmasta tiennyt?
Se levottomuus, se alakulo kaiken riehakkuuden takana,
ne kyyneleet, jotka
yön mustiin silmiini kohosivat niin kiukusta,
kuin surusta
Ettenkö muka ymmärtänyt, että pilkalla
ne kehuivat, hullua poikaa yllyttivät
Mutta minä tohdin ja vain siksi, että
mielessäni voisin nauraa, tietäen
ettette te minulle mitään voi
Kuitenkin se pelko kalvoi joka hetki, josko
sittenkin joku voisi, tai viisaampana
ansaan puhuttaisi
Joka hetki piti olla valpas, askeleen edellä
Se sama pelko rakkaudessa, naisen silmiin
katsoessa, lähdettävä on ennen, kuin
jätetyksi tulisin, enkä sitä sanonut,
en edes yön pimeässä, että sinua rakastin
Särkyä minun piti kokonaan, että se kipu irtosi,
luopua miehuuden kunniasta, että pelko hellitti
Kun katsoin taaksepäin vaellettuja askeliani
huomasin sinun kulkeneen aina rinnallani
Mykäksi minun piti tulla, että sanasi kuulisin,
sokeaksi, että sinut näkisin
Kaikki se mikä minussa oli, sen piti minusta irrota,
että rakkautesi minut täyttämään pystyi

UNTENMAA

Unessa löydän kaikki menneen ajan
kyyneleet ja tähtitaivaan,
tulen ja veren värit, väkevän elämän

Kevään liljoja kannat kädessäsi,
kaunein menetettyni,
ruusuin olet köyttänyt uumasi ja
minä tunnen lempeän tuoksun
Vieläkin liekit ympärilläsi
saavat tuskanhien kohoamaan otsalleni
Sielusi kipunoi unen ututanssissa
Liitelet käsieni ulottumattomiin ja
minä näen kimaltelevan hangen
värjäytyvän veren purppuraan
Kiellän sinua menemästä, mutta
hymy huulillasi lähetät kiusoitellen
lentosuukon

Ei uni voi muuttaa mennyttä, enkä
minä voi lakata kaipaamasta
Aamuyön pimeinä hetkinä
palaat luokseni, kutsuen minua
Niin kauan kesti, ennen kuin ymmärsin,
että vain vihasta luopumalla voin
sinut vapauttaa
Niin pelkään sitä yötä, ettet enää tule
Nähdessäni seinälläni sinun siluettisi
nuotion hiilloksella ja liljojen tuoksun
salvatessa hengitykseni, tiedän sinun
päässeen kotiin, vapautuneen
vihdoinkin vihan vankilasta

LIINAKKONI

Liinakkoni minä valjastan
samettisiin suitsiin, kultaisiin kuolaimiin

Keveät kärrit ja katajaiset aisat

Annan minä ravata hiljalleen
löysillä ohjilla

Kesäisen metsän tuoksut
rauhoittavat

Vapaa minä olen ja voimissani

Hiljalleen tyttöseni, hiljalleen, ei enää kiirettä
meillä

Uskollinen ystäväni, kerran
riisun sinut valjaista viimeisen kerran

Harja hulmuten saat laukata ikilaitumille, mutta
ei vielä tänään

Vanhojahan me olemme
molemmat, vaan vielä on ilo sinunkin askelissasi

HYVÄÄ YÖTÄ

Höyhentä kevyempi on
painosi rinnallani

Ei se purista, ei ahdista

Hengitykseni tahdissa kohoilee
pääsi, kun olet raukeuden uneen
nukahtanut

Miettiessäni hetkeämme en voi
olla hymyilemättä

Hyväilyihini sinä sulat, kuin
kaiken saaneena ja minä tunnen
itseni maailman valtiaaksi

Rakkauden kaunistamaa on
kaikki kerallasi

Hellästi sivelen poskesi nukkaa
Suusi kaartuu uniseen hymyyn

Nuku hyvin pieni kultasirkkuni
Unenkin läpi aistin sydämesi
lämmön povellani

113

VIIMEINEN VALSSI

Kutsun sinua

Ontto kaiku, kuin pilkaten
nimeäsi toistaa

Taivaan tähdistä sinua etsin

Leudon länsituulen pyydän
sinulle kertomaan, kuinka odotan

Ihollani viipyy noiden rakkauden öiden muisto
Enkä minä koskaan uskonut sinua hukkaavani

Vain sirot kätesi voisivat
pyyhkiä nämä kyyneleet

Miten sen voisin anteeksi itselleni antaa,
että sydäntäsi satutin

Sade kastelee kaiken, mutta en voi lähteä

Äkisti tunnen tuon hennon jasmiinin tuoksun
Sydämeni täyttyy onnesta

Olet niin kaunis tyttöni, enkä silmissäsi näe muuta,
kuin lempeää rakkautta

Kuun sillalla kietoudut syliini
tanssiaksesi kanssani viimeisen valssin

Eihän rakkaus päättyä voi

LEVOTTOMAT

Niin syvälle pistää silmiesi syyttävä katse
Puristat niin lujaa että sydämeeni sattuu

En minä tahdo selitellä,
vaan toivon sinun ymmärtävän

Kuinka sinä rakastatkaan keväistä
tuulen virettä talvesta väsyneillä
kasvoillasi, tai raikastavaa kesäsadetta
helteen jälkeen

Minä rakastan sinua, mutta lennän
tuulen mukana, hajoten sadepisaroiksi,
jotka muuttuvat kyyneleiksi silmissäsi

Rakastat katsella taivaan tähtiä vaikket
voi niitä poimia
Minä näen tähdet silmissäsi, vaikka
pelkäät niin että sen unohtaisin

Kuuletko lähestyvän kavioiden kopseen
Tunnetko kuinka arotuuli puhaltaa
Villi on vereni vaan sinä olet rakkaani,
enkä voisi olla palaamatta, vaikka
taas lähden, sillä sydämeni roihu
syttyy vain hellien käsiesi hyväilyssä

TULESSA POLTETTU

Sanoitta sinä minua ymmärrät
Kysymättä tulet viereeni
tietäen, että kaipaan
käsiesi hellää kosketusta

Tarjoat huuliasi salliaksesi
minun juopua anteeksi antosi medestä

Tuomitsematta puhdistat
hyväilyilläsi likaantuneen kehoni

Kun meinaan vielä kerran
sinulle vannoa uskollisuuttani,
suljet suuni pehmein suudelmin

Rakkautesi tulessa minä palan
puhdistuen hetki hetkeltä
tullakseni valmiiksi
Ollakseni suuren lahjani arvoinen

Ken ymmärtää rakkauden suuruuden,
osaa sen heikommalle opettaa,
eläen todeksi niin ne hyvät,
kuin myös pettymyksen hetket

MINUN TAVALLANI

-Sivistys lopettaa väkivallan- sanot
silmät leimuten

Anteeksi, että hymähdän, eivätkö he
olleet sivistyneitä, ristiretkeläiset, suurvaltojen
johtajat, natsilääkärit...

Aurinko aamun valaisee, kuutamo yön
kirkastaa ja ne taivaankannen tähdet
ovat meissä

Emme tarvitse paremmuuden oppia vaan
sydämemme rakkautta, mielenrauhaa ja
hellää kosketusta

Suudelmassasi kohtaan kaikkeuden
rajattomuuden

Kyllä minä välitän niistä, jotka kärsivät,
vaan en voi ketään tavallani elämään
pakottaa, en vapaaksi päästää

Kaikki on meille annettu, vaan niin
harvalle se riittää

LOKAKUUN YÖ

Lokakuun musta yö, sateen jatkuva ropina
Aivan kuin se vaatisi minua unohtamaan
kesäni auringon, antautumaan pimeyden edessä

En anna valtaa synkkyydelle
Olen oppinut säilömään valon
Näen sen rakkaani silmistäsi
Miten katseesi minua lämmittääkään
istuessani takkatulen rätinässä

Menneiden aikojen nuotioiden loimun
minä kohtaan sinuun pysähtyessäni

En tarvitse huopaa kietoutuessani rakkautesi
harsoon

Satakoon, peittäköön pilvet kuun ja tähdet
Suurempi on sydämesi valo ja kehostasi
kihelmöivä polte

Ilta illan jälkeen saan nukahtaa sylisi raukeuteen
käsiesi uneen uupuviin hyväilyihin

PAHUUDEN SONETTI

Historiasta te opitte,
ettette te virheitänne toista, niin te sanotte

Onko suurempi toisen
ihmisen kärsimys?
Eikö kaikkien rinnassa
samanlainen sydän lyö?

Ehkä ne jotka tänään itkevät,
kuulivat menneiden tuskan, mutta ei se heitä säästänyt

Isä sapelilla silvottu, äiti monesti satutettu ennen,
kuin henkensä ruumiista erkani,
ehkä viimeisenä sanana rakkaidensa nimet

Hiekan ja tuhkan keskeltä
pienet kädet kohottautuvat kohti taivasta armoa anoen
Likaisia kasvoja hallitsevat
suuret kyynelten täyttämät silmät
Ei niistä kyynelistä synny
mitään kaunista, ei puhkea
autiomaa kukkaan

Käännätte päänne pois, ette halua antaa heille
edes ihmisenä olemisen oikeutta

KOKONAAN

Välillä sitä hukkaa ruusunpunaiset lasinsa
ja näkee kuinka paha
tämä ihmisten maailma on

Silloin
hymy sammuu hetkeksi ja
kyyneleet saavat silmät kostumaan

Vaan enhän minä muuta voi
kuin antaa itseni, antaa kokonaan,
sillä jos menetän rakkauteni ei
minulle jää kuin tyhjät sanat

NIIN VÄHÄN OPPINUT

Ei sitä tule vanhana yhtään viisaammaksi,
korkeintaan laiskemmaksi

Ei vaikeudet hio meistä timantteja, eikä
vuodet kultaa muistoja

Jos ihminen ei osaa rakastaa,
ei hänellä mitään ole, vaikka
kullalla silatut olisivat hänen hiuksensakin

Niin kauan, kun pieninkään valhe
asuu hänessä, ei hän totuutta löydä

Satuttaa toista tai itseään, ollakseen
jotain, saadakseen jotain

Valehdella itselleen, valehdella muille,
pitääkseen kiinni paremmuudestaan

Kumota uskomukset tiedolla, todistaakseen
jotain, mikä ei kuitenkaan johda mihinkään

Rakastammehan me, tai niin luulemme,
ymmärtämättä, ettei rakkautta ole se,
mikä syntyy omista tarpeistamme, vaan se
mikä saa meidät näkemään muiden tarpeet

VAPAA

Mielihalujensa orja on
ihminen, vaikka hänet on
vapaaksi ostettu

Kaikki se mitä me tavoittelemme
heikentää meitä, että elää unohdamme

Hiljalleen se kuluttaa, hukkuu kesäyön
kauneus, katoaa pakkasöiden
hankien kimallus

Ahneus, itsekkyys, kiire, päihteet,
ei mikään niistä meitä auta

Ihmisen ikä vaikka olisi täydet 100
vuotta, on se vain sekunti iäisyydessä

Todellisuudessa ei meillä ole kuin tämä hetki

Vedä syvään henkeä, anna hiljaisuuden
puhua, kaikki on meille annettu

Turhuus vaikenee ja äärettömyys raottaa
verhoaan

VALOON

Kerran tulee se päivä, kun
viimeinenkin rivi on kirjoitettu
ja laulu vaikenee

Älkää silloin sanoko - Hän oli
hyvä ihminen - , sillä se olisi valhe

Ehkä yritin olla hyvä, halusin,
toisinaan olin onneton ja toisinaan
riemuni oli ylitse vuotavaa

Älkää lausuko tyhjiä värssyjä tai
täyttäkö kumpuani kukkaseppelein
sillä en enää silloin ole niitä vailla

Ehkä haluaisin, että ne muistavat
toisinaan minua ketä kosketin,
palaisin hetkeksi kyyneleenä poskellesi,
sirkkana soittamaan kesäiltaan

Ne ketkä eivät voineet minulle
anteeksi antaa unohtaisivat
nimeni itsensä tähden

Tuuli hetken pysähtyy kummullani
hyvästelläkseen maatuvan ruumiini,
tuudittaakseen kulkurin sielun
lepoon, josta se kerran vapautuu
valon tanssiin, vapaana kaikesta
siitä millä yritimme itsestämme tehdä kuolemattomia

ELÄMÄN VIRTA

Elämän virta toisinaan niin kirkas ja tyyni, hetken aina kerrallaan
se keinuttaa unelmia ihmislasten, taivaan sinen heijastuessa veden pintaan

Hymyjä, tuikkivia silmiä, pieniä käsiä, toiveita paremmasta, unia onnesta.

Varoittamatta virta kiihtyy, taivas tummenee
ja pyörre riistää erilleen rakkaat toisistaan,
vanhimmat lapsistaan, koittaen uskon himmentää,
rakkauden sammuttaa

Kyynelhelmiä kirkkaita, sydämen palasia, riistettyjä lupauksia
Aina joku on pois kun pyörre hiipuu surun suureen koskeen

Synkät kivet kolhivat särjettyjä sydämiä, vaan laskun jälkeen on suvanto
Vesi kirkastuu ja taivas seestyy

Aina jää tyhjyys, kaipuu ja sydämen kipu
Itsesyytösten saapuessa ei virran vesi
virvoita, ei ihmisten sanat lohduta

Takaisin päin ei pääse, vastavirta uuvuttaa,
vie voimat, mikään ei ole ennallaan
enää koskaan, mutta ystävä, usko, suru tasaantuu, anna itsesi vain lipua
virran suuntaan, perille, rakkauden ikirannoille, siellä he ovat, kaikki he,
jotka sydämemme muistiin on tallennettu

Koskaan emme saa vastauksia, että miksi, mutta emme me hukkaa heitä,
jotka riistettiin, kun emme luovu rakkaudesta.

KAUNIS, KAUNIIMPI

Olen nähnyt kauneutta
niin monenlaista

Kopeaa, itsestään ylpeää kauneutta, jonka seurassa
joutuu koko ajan pätemään

Luonnollista kauneutta, joka vangitsee vaatimattomuudellaan,
vaan ei saa sitäkään liiaksi kehua,
ettei se kehuilla elämään alkaisi

Rikottua kauneutta surun varjoineen, ihmiskäden turmelemaa, joka jo
kavahtaa helliä sanoja, rakkauden öitä

Vaan hän, jonka sydän on rakkauden kaunistama, hehkuu kirkkaimmin,
pyytämättä, mitään odottamatta, valaisten pimeimmänkin yön
sydänvalollaan

KAUNEIMPANI

Kauneinta hetkeä minä tavoitan
sinua hyväillessäni

Rakastan niin sinun unituhinaasi
Vedät minua puolesi nukkuessasikin

Muistan ne hellät lemmenyöt
Kaikki ne arkiset päivät,
kun kesken askareidesi tavoitin
katseesi ja sytyin saman tien

Vaikka ilma on hiostava, vedän
sinut syliini

Kuiskaan korvaasi ne kaikki
kauniit sanat jotka on sinulle
omistettu, kun sinut luotiin

Olen toisinaan niin hankala
kun sydänhaavani alkavat tihkua
enkä saa rauhaa muistoiltani
Sinä jaksat kaiken sen
etkä milloinkaan epäile rakkauttani

Olet sielusta kaunis kalleimpani
Olet elämäni lempeä tuli,
joka ei sammu mieleni katkeran
kalkinkaan vuotaessa

Suudella minä sinua haluan ja
sinä tarjoat huuliasi unen raukeana

LOPPUKESÄN ILLASSA

Pimeää vaikka päivällä
iholla viipyi vielä kesä

Viileää vaikka ei vielä kylmää

Lamppu on palanut pihavalosta,
mutta mihin sitä tarvitsisin,
kun rinnallani olet tähtisilmäni

Ei hetkessä totu kaupunkilaispoika
tähän maaseudun rauhaan

En silti katuvaloja kaipaa,
enkä kadun tummia säveliä

Mennään sisään armaani

Tahdon laulaa sinulle hieman
rakkaudesta, tahdon nähdä
sinun tanssivan kuun valossa

Hiuksillasi leijuu tähtipölyä
enkä minä väsy ihastelemaan sinua

RAKKAUDEN VALO

Lempeän rakkaudenyön hellät
jäljet ihollani, minä palelen
tässä ihmisten maailmassa

Viha nousee sisuksissani, eikä
sydämessäni ole yhtään hyvyyttä

Tahdon pois tästä
paatuneiden sielujen joukosta

Haavoille repii tämä raadollisuus
rakkauden muistot ja sanoillanne
suolaa niihin kaadatte

Minä en enää tahdo ketään satuttaa
en mieltäni puheista pahoittaa

Rakkaus on noussut vihani yli
ja haavani arpeutuvat

Kipu tekee minusta nöyrän, että
viimeinkin eläisin, niin kuin meidän
kaikkien pitäisi, vapaana pelosta
ilman vihaa

Rakkauden valo olkoon yöni opas ja
suojani päivän paahteessa

HENKÄYKSENI

Kuinka paljon niin turhaa, opittua, ihminen kantaakaan
mukanaan, ennakkoluuloja, uskomuksia ja tapoja

Ei ole kuin yksi sääntö; Älä toista satuta,
älä itseäsi

Sen rikoin monesti luullen selviäväni,
koska kaiken muun tein "oikein"

Keräsin kaikkea ollakseni etuoikeutettu, omistaakseni maallisen onnen
Vähättelin niitä, joilla ei kaikkea ollut, opettaen lapsenikin luokittelemaan

Kerran tulee se päivä, kun kysytään: "No Kustaa, mites luulet pärjänneesi?"
Tulee se hetki, ettei minua auta valhe, ei omaisuus tai asema

Kaikki turhuus irtoaa ja minä menetän statukseni
Jos hyvin käy, sulaudun suureen valoon, jossa ovat kaikki ne joita
satutettiin, joita alennettiin, jotka vuoksemme nälkää näkivät

Ikuisuutta ei saavuta sillä, että ihmisten maailmassa kohoaa röyhkeytensä tai
opitun viisautensa tähden
Kaikki se mitä olen kerännyt katoaa
Enkö jo siksi valmiiksi luopuisi kaikesta, paitsi rakkaudesta.

Jos saisin vielä yhden toiveen viipyessäni ruumiissani, en muuta tahtoisi,
kuin että sinä rakkaani suutelisit minua viimeisellä
henkäykselläni, että jos en enää olisikaan,
rakkautesi säilöisi sen mikä minussa
oli hyvää

LUOJA YKSIN TIETÄÄ

Luoja tietää, kuinka olen pelännyt,
etsinyt turvaa, kerjännyt jopa rakkautta

Luoja yksin tietää, kuinka olen itkenyt ja
yksin kuivannut kyyneleeni.

Minä olen eksynyt ja melkein hukkunut pimeään.

Luoja tietää kuinka olen vihannut ja himoinnut kostoa
Olen myös viettelyt, houkutellut muita pimeään,
pettänyt, juossut karkuun eksyttääkseni omatuntoni

Olen minä myös nauranut aidosta ilosta, laulanut sydämeni riemusta,
Olen painanut pääni turvalliseen syliin ja seissyt rakkaani kanssa
vesisateessa riemusta hihkuen...
Olen pidellyt sylissäni pieniä kääröjä ajatellen, että heitä en päästä
eksyksiin.

Luoja tietää, kuinka minä olen ryöminyt tuskissani maassa, anellen
menneisyydeltä armahdusta saadakseni takaisin rakkaimpiani.

Luoja yksin tietää kuljetut polkuni
Hän antaa minun pysähtyä virran ääreen juomaa raikasta elämänvettä,
joka voitelee runnellun kehoni haavoja ja pyyhkii pois minun tuskani.

On niin armollista eheytyä ja nauraa silkasta onnesta,
hymyillä maailmalle, avata sylinsä ja rakastaa itseään,
rakastaa aivan kaikkia

METSÄLÄHTEEN VETTÄ

Niin monista maljoista olen juopunut
Joistakin on tullut huono humala,
kuin halvasta viinistä
Toisista taas helmeilevä hiprakka,
kuin parhaasta shampanjasta,
mutta yhtä kaikista se järjetön krapula
Hintansa on ollut jokaisella ja
katkeruuteen asti ovat jotkut niistä
sisintäni kalvaneet
Taisin hieman naurahtaa, kun tarjosit
minulle metsälähteen vettä
En aavistanut kuinka se virvoitti
ja olin kuin uudelleen syntynyt
Se täytti mielen ilolla
Et odottanut maksua tai vaatinut vastiketta
Teit minusta aran ja osaamattoman
lempeydelläsi
Aukesit käsissäni hehkuvaan kukkaan,
jonka huumaava tuoksu hiveli aistejani
niin, kuin ei mikään muu koskaan ennen
Rakkauden lahjan lahjoitit eksyneelle,
omiin haluihinsa hukkuneelle
Lisää minä halusin tuon lähteen vettä,
enkä enää huulilleni tahdo muita
maljoja nostaa

VEREN POLTETTA

Kuin kuume se polttaa rintaa,
raastaa sisintä

Elämän voima kuohuna kutsuu

Kevät ja valo, aurinko,
joka jo hieman lämmittää

Suonissa vanhan veri hetken virtaa,
kun nuori taas olisi

Kaikki ne lauletut laulut, valvotut yöt,
mittaamattomat kilometrit,
kuin kuvina kulkee silmissä

Elämännälkä kyltymätön, rakastaa rakastumista,
elää hetkessä, nauttia kaikesta.

Sitten muistuu mieleen ne katkerat kyyneleet,
korventava tuska, vankilaksi muuttuva vapaus,
päämäärättömyys joka ajaa kuilun partaalle.

Hetken on hienoa kaivata nuoruutensa kevättä,
vaan niin huojentavaa istahtaa vaimon viereen,
ottaa häntä kädestä ja tietää kysymättä,
että niin kauan, kun näemme seuraavan aamun, hän on siinä.

RAKKAUTTA VAIN

Tunnen kätesi hellän hipaisun
sen silittäessä ihoni pintaa

Sieluni on avoin rakkaudellesi,
jonka voima on minut juovuttanut

Huuleni etsivät sykkivää suonta
kaulaltasi

Silmiesi utuinen katse
tavoittaa hetkeksi omani
ja minä tiedän sinun olevan
ikuisesti rakastettuni

ILTOJENI IKÄVÄ

Sanan helinää, kaunista tarinaa
tyhjyyttä täynnä

Valheen huuliltasi maistoin,
vannoit vaikken pyytänytkään

Siltikään en voinut olla juomatta
noita katkeria maljoja, joita
hymysuin tarjoilit

Vieläkin eläisin uudelleen nuo
huumaavat hetket, vaikket
enää sydäntäni satuttaisikaan

Himon helmeilevät hikipisarat
kyynelten sijasta ihollesi jättäisin

SINULLE

Aika kuluu kuin siivillä
kesätyttöni, kaunein ruusuni

Eivät näy sinussa ne huolet ja murheet,
ei vuosien tuomat surut

Hymysi on valloittava, vaikka suusi
uurteet hieman syvemmät

Silmäsi tuikkivat samaa tulta kuin
sinä iltana jolloin sain sinut ensikerran
vierelleni

Päiviemme kimallusta eivät vuodet himmennä

Olkoon taivaallasi aurinko ja lahjani sinulle
kaikki nämä sydäntuntoni

Rakastan vuosi vuodelta enemmän

VILLIKKONI

Kesytön villikkoni
avojaloin niityllä
hiuksillaan päivänkakkaraseppele

Vuodet jo niin monet menneet ja silti se suloinen tyttönen
jonka tapasin kauan sitten

Silmät täynnä ihmetystä kuin eläisit vasta ensimmäistä kesääsi

Suusi viattomasti hymyilee,
niin kun et tietäisi kuinka se saa liekin rintaani

Minä saan sinut helposti kiinni,
emme me enää kirmaa kuin keväiset varsat

Kaatuessamme niityn kukkien keskelle minä tunnen
sen saman valtavan voiman, joka pakottaa minut
pitämään sinusta niin lujaa kiinni

Kaikki on nykyään niin kaunista, se kiihkokin
hiljalleen lämmittävää, ei enää kipeästi polttavaa

Kesätyttöni, elämäni suloinen valtiatar,
aikamme on rajallista, mutta rakkautemme
ikuista tähtipölyä